प्रसाद की कहानियों का
सामाजिक और सांस्कृतिक अध्ययन

प्रसाद की कहानियों का सामाजिक और सांस्कृतिक अध्ययन

गंगाधरन वी.

वाणी प्रकाशन

वाणी प्रकाशन

'लोगो' वाणी प्रकाशन : मक़बूल फ़िदा हुसेन

वाणी प्रकाशन, 4695, 21-ए, दरियागंज, नयी दिल्ली-110002
वाणी प्रकाशन, अशोक राजपथ (पटना कॉलेज के सामने), पटना (बिहार)

PRASAD KI KAHANIYON KA SAMAJIK AUR SANSKRITIK ADHYAYAN

by Gangadharan V.

Criticism

ISBN : 978-8143-971-0

प्रथम संस्करण

मूल्य : 250/-

वाणी प्रकाशन

फोन : 0091#11#23273167, फोन व फैक्स 23275710

वेबसाइट : www.vaniprakashan.in

ई-मेल : vaniprakashan@gmail.com

आर.टेक ऑफसेट प्रिंटर्स द्वारा दिल्ली-110095 में मुद्रित

पुरोवचन

साहित्य की सामाजिक भूमिका अब विवादास्पद विषय नहीं रह गया है। इतिहास इस बात का साक्षी है कि युगीन संवेदनाओं को आत्मसात् करते हुए साहित्य निरन्तर आगे बढ़ता रहता है। अन्य साहित्यिक विधाओं की भाँति कहानी भी मानवीय संवेदनाओं एवं युगीन यथार्थ को अभिव्यक्ति देती है। कहानी में अभिव्यक्त मानवीय सत्य खंडित एवं क्षणिक होने पर भी अपने में सम्पूर्ण है। यह सम्पूर्णता ही उसकी सफलता है। कथात्मक माध्यम होने के कारण उसमें प्रभविणुता ज्यादा रहती है। और यही कारण है कि कहानी अन्य साहित्यिक विधाओं की अपेक्षा अधिक लोकप्रिय बन सकी है। हिन्दी कहानी-साहित्य की करीब 80 वर्ष की विकास-यात्रा उपर्युक्त बात को स्पष्ट प्रामाणित करती है। प्रारम्भिक, काल्पनिक और तिलस्मी वातावरण से मुक्त होकर हिन्दी कहानी प्रसाद-प्रेमचंद युग में जीवन-यथार्थ के अधिक निकट आई। 1935 के करीब प्रगतिवाद की जो धारा हिन्दी साहित्य में उमड़ आई, उसके साथ हिन्दी कहानी भी पूर्ण रूप से न्याय कर सकी है। नई कहानी में आधुनिक युग-बोध और आधुनिक जीवन की जटिल मानसिकता को सफल अभिव्यक्ति मिलती है।

हिन्दी कहानी की इस लम्बी यात्रा में जयशंकर प्रसाद की कथात्मक उपलब्धियाँ एक मील का पत्थर हैं। वस्तुतः आधुनिक हिन्दी कहानी के जन्मदाताओं में प्रेमचंद के साथ प्रसाद का भी नाम लिया जा सकता है। जहाँ प्रेमचंद की कहानियाँ जीवन के खुरदरे यथार्थ को एक आदर्शात्मक परिवेश में प्रस्तुत करती हैं, वहाँ प्रसाद की कहानियों में वे यथार्थ भावात्मकता का जामा पहनकर उपस्थित हुए हैं। कहानी को काव्यात्मक आधारशिला प्रदान करने पर भी प्रसाद ने सामाजिक यथार्थ को कभी भी नकारा नहीं है। उनकी कहानियों में भारतीय समाज एवं संस्कृति का सच्चा स्वरूप सम्पूर्णता के साथ उभरकर आया है। भारतीय संस्कृति के महान पुजारी प्रसाद के लिए यह स्वाभाविक है कि अतीत की उस पुनीत संस्कृति के स्वर्णिम पृष्ठों को फिर से प्रकाश में लाएँ और वर्तमान को प्रेरणादायक बनाएँ।

प्रस्तुत लघु शोध-प्रबन्ध प्रसाद की कहानियों में अभिव्यक्त सामाजिक एवं सांस्कृतिक पहलुओं के अध्ययन का एक लघु प्रयास है। सर्वतोमुखी प्रतिभा वाले प्रसाद के साहित्य-जगत में हमेशा कहानी अपेक्षाकृत उपेक्षा का पात्र रही है। अतः आशा है कि प्रसाद-कहानी-साहित्य के मूल्यांकन की दिशा में प्रस्तुत लघु शोध-प्रबन्ध भी अपनी एक विशिष्ट भूमिका अदा कर सकेगा।

यह लघु शोध-प्रबन्ध पाँच अध्यायों में विभक्त है। 'प्रसाद और उनका जीवन-दर्शन' शीर्षक प्रथम अध्याय में प्रसाद की जीवनी को आधार बनाकर उसके विशिष्ट जीवन-दर्शन के विभिन्न पहलुओं पर प्रकाश डाला गया है। साथ ही उनकी विभिन्न रचनाओं में अभिव्यक्त दार्शनिक सिद्धान्तों की संक्षिप्त रूपरेखा भी प्रस्तुत की गई है।

दूसरे अध्याय का शीर्षक है, 'समाज और संस्कृति'। इसमें व्यक्ति और समाज के पारस्परिक सम्बन्ध, संस्कृति का स्वरूप, संस्कृति और साहित्य, समाज और संस्कृति की अभिव्यक्ति के विभिन्न तत्व इत्यादि बातों की चर्चा की गई है।

तीसरा अध्याय है, 'प्रसाद का कहानी साहित्य : वस्तु और शिल्प'। इस अध्याय में प्रसाद की कहानियों की विकास-दशा की पृष्ठभूमि में उन कहानियों की मूल प्रवृत्ति, पात्र और चरित्र-चित्रण, कथोपकथन, वातावरण, भाषा, वर्णन-शैली इत्यादि तत्वों की ओर संकेत किया गया है। इसके साथ-साथ उन कहानियों में निहित प्रसाद की मौलिक प्रतिभा को भी दर्शाया गया है।

चौथा अध्याय का नामकरण 'प्रसाद की कहानियों में समाज' किया गया है। दूसरे अध्याय में प्रतिपादित समाज सम्बन्धी मान्यताओं एवं उनकी अभिव्यक्ति के विभिन्न तत्वों की कसौटी पर प्रसाद की कहानियों में अभिव्यक्त समाज सम्बन्धी धारणाओं एवं चित्रण को परखने का प्रयास किया गया है। इसके अतिरिक्त उन कहानियों में समाविष्ट प्रेम, वेश्यावृत्ति, दहेज-प्रथा, आर्थिक विषमता आदि समस्याएँ एवं विभिन्न सामाजिक सम्बन्धों को उद्‌घ टित करने की कोशिश भी की गई है।

'प्रसाद की कहानियों में संस्कृति' नामक पाँचवें अध्याय में प्रसाद जी की कहानियों में अभिव्यक्त संस्कृति का स्वरूप, भारतीय संस्कृति के ऐतिहासिक, नैतिक, धार्मिक और दार्शनिक पक्ष और उनकी अभिव्यक्ति के ढंग आदि बातों पर विचार किया गया है। वस्तुतः चौथा और पाँचवाँ अध्याय ही इस लघु शोध-प्रबन्ध का केन्द्र बिन्दु है।

उपसंहार में इन पाँचों अध्यायों में अभिव्यक्त तथ्यों को दृष्टि में रखकर प्रसाद जी की कहानी-कला की विशेषताओं पर प्रकाश डाला गया है। उनकी कहानियों में उपस्थित समाज और संस्कृति का मणि-कांचन संयोग दर्शाने का प्रयत्न भी किया गया है।

श्रद्धेय गुरुवर डॉ. इकबाल अहमद के निर्देशन में प्रस्तुत लघु-शोध सम्पन्न

हुआ है। उनके कुशल निर्देशन और सामयिक सुझावों के फलस्वरूप ही इस कार्य में सफलता प्राप्त हुई है। इस प्रबन्ध की तैयारी में वे सतत प्रेरणा देते रहे। धन्यवाद देकर लेखक उनसे उऋण नहीं हो सकता।

लेखक को हिन्दी विभाग के अध्यक्ष श्रीधर सिंह का सौहार्द सदैव मिलता रहा है। उन्होंने इस विषय पर लघु शोध-प्रबन्ध लिखने की अनुमति दी। इसके लिए शोधार्थी अनुगृहीत हैं।

इस प्रबन्ध की तैयारी में हिन्दी साहित्य के जिन अधिकारी विद्वानों की बहुमूल्य पुस्तकों का उपयोग किया गया है, उनके प्रति लेखक कृतज्ञ है। इस प्रबन्ध की तैयारी में जिन-जिन गुरुजनों, मित्रों, हितैषियों की प्रेरणा और सुझावों से लेखक लाभान्वित हुआ है, उनके प्रति आभारी है।

गंगाधरन वी.

कालिकट विश्वविद्यालय

अनुक्रम

अध्याय-1

प्रसाद और उनका जीवन-दर्शन

विषय प्रवेश

साहित्य जीवन की प्रतिछाया है। साहित्यकार अपनी रचनाओं में निजी व्यक्तित्व के महत्वपूर्ण पटल ही प्रस्तुत करता है। उसका यह व्यक्तित्व जिस प्रकार अनावृत होता है, यह प्रश्न जीवन-प्रक्रिया से सम्बन्ध रखता है। जीवन की उर्वर भूमि में साहित्य का फूल विकसित होता है। दुनिया की समस्त साहित्यिक विधाएँ मानव-जीवन से सम्बन्धित हैं। साहित्यकार अपने और अन्य मानव के सुख-दुःख, आशा-निराशा और इच्छा-संकल्पों की अभिव्यक्ति अपनी रचनाओं में कर लेता है। अपने ऊर्ध्वमान चेतना को अभिव्यक्ति देने के अतिरिक्त महान लेखक अनेक प्रकार के व्यक्तित्व गढ़ते भी हैं। अतः साहित्यकार का जीवन उसकी कृतियों में प्रत्यक्ष या परोक्ष रूप से अवश्य प्रदर्शित होता है।

साहित्य में व्यक्तित्व-प्रकाशन की एक नई प्रणाली प्रसाद में देखी जा सकती है, जो किंचित जटिल होते हुए भी मौलिक है। साहित्य का पूर्णतया आस्वादन करने के लिए साहित्यकार को सामाजिक और व्यक्तिगत परिस्थितियों से परिचय प्राप्त करना पड़ता है। जयशंकर प्रसाद के साहित्य में व्यक्तित्व, सम्पूर्ण जीवन की पीठिका पर आश्रित है और उसे उन्होंने एक कुशल शिल्पी की भाँति अभिव्यक्ति दी है। वे हिन्दी के प्रतिभा-सम्पन्न साहित्यकारों में अग्रणीय हैं। डॉ. नगेन्द्र प्रसाद की प्रतिभा का मर्म निर्देश करते हुए लिखते हैं—"प्रसाद जी हिन्दी जगत में अमर शक्तियाँ लेकर अवतीर्ण हुए थे। उनकी प्रतिभा सर्वथा मौलिक थी। उन्होंने साहित्य के जिस अंश को स्पर्श किया, उसी को सोना बना दिया। उनका महत्व ऐतिहासिक तो है ही—वे एक प्रकार से आधुनिक युग के निर्माता भी हैं। उन्होंने ही सबसे पूर्व शुष्क उपयोगितावाद के विरुद्ध भावुकता का विद्रोह खड़ा किया, या यों कहिए कि झूठी भावुकता (सैंटिमेंटलिज़्म) के विरुद्ध सच्ची रसिकता का आदर्श स्थापित किया। अकर्तृत्व (पास्सिविटी) के युग में अभिव्यंजना (सब्जिक्टिविटी) की पुकार करने वाले वे कवि थे। उन्होंने हिन्दी को एक नवीन कला और नवीन भाषा प्रदान की। ऐतिहासिक

महत्व के अतिरिक्त काव्य के चिरंतन आदर्शों के अनुसार भी उनका स्थान बड़ा ऊँचा है। एक चिन्तन प्रधान व्यापक एवं करुण अनुभूति, जिसमें रंगीन अद्‌भुत प्रिय कल्पना का वांछित योग रहता है, उनकी अपनी विशेषता है।''[1] उनकी रचनाएँ विश्व-साहित्य की अमूल्य निधि मानी गई हैं। युग-चेतना के ज्योति स्तम्भ प्रसाद अपनी अद्वितीय प्रतिभा लेकर भारती के प्रांगण में आविर्भूत हुए। उनकी काव्यात्मकता समूचे विधात्मक साहित्य में उभरकर एकाएक सामने आ जाती है, फिर चाहे वे नाटक, निबंध या कहानी क्यों न हो। प्रसाद-साहित्य की मूलभूत चेतना को परखने के लिए उनके निजी व्यक्तित्व का विश्लेषण अनिवार्य ही होगा। प्रसाद के युगांतकारी व्यक्तित्व की अभ्यर्थना में महाकवि निराला लिखते हैं, ''हिन्दी के युगांतर साहित्य के जो तीन प्रजापति हैं, 'प्रसाद' जी भी एक श्रद्धादेवी व मनु हैं।''[2]

पारिवारिक जीवन

एक सर्वसम्पन्न वातावरण में प्रसाद का जन्म माघ शुक्ल दशमी 1946 विक्रम को हुआ था। उनके पितामह शिवरतन साहु जो 'सुँघनी साहू' के नाम से विख्यात थे, बड़े दयालु थे। प्रसाद के पिता देवीप्रसाद साहु ने पितामह का-सा ही हृदय पाया था। महादेव से अनुगृहीत इस वैभवपूर्ण परिवार में प्रसाद पैदा हुए।

पाँच वर्ष की अवस्था में संस्कार-सम्पन्न कराने के लिए प्रसाद विंध्याचल और जौनपुर ले जाए गए। वहाँ की प्रकृति के उन्मुक्त सौन्दर्य ने उनकी शैशवकालीन स्मृतियों पर अपनी छाया डाल दी। सुन्दर पर्वत श्रेणियाँ, बहते हुए निर्झर, प्रकृति का नव-नव रूप, सभी ने उनके हृदय में कुतूहलता और जिज्ञासा भर दी। प्रकृति का प्रथम दर्शन आगे चलकर मानवीय भावनाओं के तादातम्य से एक स्वस्थ जीवन-दर्शन में परिवर्तित हो गया, जहाँ प्रकृति और मानव में अधिक अन्तर नहीं दिखाई देता है। आरम्भ में ही प्रसाद के मस्तिष्क पर इन दृश्यों का प्रभाव पड़ा। प्रकृति के अनन्य उपासक प्रसाद पहाड़ी झरने के एकान्त पुलिन पर बैठे आकाश की ओर देखकर तरह-तरह की कल्पनाएँ करते थे। इस काया की सुन्दर सुखद स्मृति की अमिट छाप हृदय में बनी रही, जो बाद में 'झरना' लिखने में सहायक निकली। जौनपुर में शीतला का एक सिद्धपीठ है, वहाँ भी वे ले जाए गए।

प्रसाद जी को बचपन में ही देश-भ्रमण करने का अवसर मिला था। नौ वर्ष की अवस्था में ही उन्होंने चित्रकूट, नैमिषारण्य, मथुरा, ओंकारेश्वर, धारा क्षेत्र, उज्जैन तक का पर्यटन किया। चित्रकूट की पर्वतीय शोभा, नैमिषारण्य का निर्जन वन, मथुरा की वनस्थली तथा अन्य क्षेत्रों के मनोरम दृश्यों पर वे अवश्य रीझ उठे होंगे। इसी समय उन्होंने 'कलाधर' उपनाम से सर्वप्रथम एक कविता रची। प्रसाद के ज्ञान-भंडार को विपुल करने में इन यात्राओं ने बड़ी मदद की थी।

प्रसाद जी शैव परिवार के थे। उनके विशाल घर के सामने एक शिव-मन्दिर

था जिसे पूर्वजों ने बनवाया था। मन्दिर में पूजा तो नित्य होती थी, परन्तु उत्सव आयोजन वर्ष में एक या दो बार ही हुआ करता था। प्रसाद बड़ी श्रद्धा से शंकर जी की आराधना करते थे। उन्हें शिव सम्बन्धी भारतीय दर्शन की निष्पत्तियाँ बड़ी प्रिय थीं। प्रातःकाल वातावरण को मुखरित कर देनेवाली घंटे की ध्वनि, मन्दिर के भक्तिमय वातावरण में लीन होकर स्तुतिपाठ करने वाले हज़ारों भक्तों का दर्शन, मन्दिर का शैवध्वज, ये सब प्रसाद के लिए तत्काल केवल एक जिज्ञासा, कुतूहलता का विषय था, जिन्होंने बाद में उनको एक यथार्थ शिवभक्त बना दिया। जीवन के आरम्भ में शिव की भक्ति करने वाला कवि अन्त में शैव-दर्शन से प्रभावित हुआ और अन्त में उसी को अपना लिया।

प्रसाद भारतीय पुराणों में जो शैवकथाएँ बिखरी पड़ी थीं, उन्हें अत्यन्त रुचि के साथ पढ़ते और समझने का प्रयास भी करते हैं। शंकर जी के बाद श्रीकृष्ण के चमत्कारपूर्ण व्यक्तित्व और चरित्र से भी वे बहुत प्रभावित हुए। प्रसाद ने इन्द्र को आनन्दवादी और शक्तिवादी विचारधारा का प्राचीनतम प्रतिनिधि माना। उनका विश्वास था कि वंशप्रेमी और देशप्रेमी इन्द्र का चरित्र भारतीय नवयुवकों के मन में देश-भक्ति का संचार करने में सहायक होगा। भारतीय पुराणों की रसीली घटनाओं और उनके उदात्त चरित्रों ने प्रसाद जी के व्यक्तित्व को उज्ज्वल और गम्भीर बना दिया था।

आरम्भ में प्रसाद की शिक्षा-दीक्षा घर पर ही हुई। पिता ने घर पर ही संस्कृत, हिन्दी, अंग्रेजी, फ़ारसी आदि भाषाओं के पढ़ाने की व्यवस्था कर दी। प्रत्येक विषय पढ़ाने के लिए योग्य अध्यापक घर पर आया करते थे। यह सुनकर आश्चर्य होता है कि आठ-नौ वर्ष की अवस्था में ही प्रसाद जी ने अमरकोश तथा लघुकौमुदी कंठस्थ कर ली थी। प्रसाद जी की असाधारण बुद्धि और प्रतिभा का यह उदात्त उदाहरण है। स्वर्गीय सोहिनीलाल जी 'रसमयसिद्ध' उनके प्रधान गुरु थे। बाद में वे स्थानीय क्वींस कॉलेज जाने लगे। इस प्रकार महान साहित्यकार प्रसाद की भी शिक्षा-दीक्षा महाकवियों की भाँति स्वतन्त्र रीति से ही हुई थी।

प्रसाद के जीवन का अनन्तर काल दुःखपूर्ण ही रहा था। वे लगभग बारह वर्ष के ही थे कि 1901 ई. में उनके पिता का स्वर्गवास हो गया। घर का समस्त भार बड़े भाई शंभूरतन पर आ पड़ा। पिता देवीप्रसाद की मृत्यु के पश्चात् ही गृहकलह आरम्भ हो गया। मुकद्दमे में समस्त सम्पत्ति का बँटवारा हो गया। ध्यान न देने के कारण सारा पैतृक व्यवसाय इसी बीच चौपट हो गया। घर का भार शंभूरतन ने अपने कंधे पर ले लिया। सम्पत्ति का विक्रय होना, दुकान के साथ ही लाखों के ऋण का भार, बनारस की भारी इमारत को बेचना, ये सब प्रसाद मनु के समान देख रहे थे। घर में दरिद्रता का धीरे-धीरे संचार होने लगा।

परिवार की आर्थिक दशा चिन्तनीय होने के कारण प्रसाद को अपनी शिक्षा

आठवीं कक्षा में ही समाप्त करनी पड़ी। कॉलेज की शिक्षा का स्वप्न भी उनके सामने स्वप्न ही, प्रतीत हो गया। इसी बीच उन्होंने संसार की महान पुस्तकों का अध्ययन किया था। प्रसाद अब नारियल बाज़ार वाली दुकान पर बैठने लगे। अब भी घर पर शिक्षा-क्रम बराबर चल रहा था। अपने गुरु की प्रेरणा से उन्होंने उपनिषद्, पुराण, वेद, भारतीय दर्शन का अध्ययन किया। 'कामायनी' महाकाव्य की रचना के पीछे इन्हीं पुराणों का अध्ययन मार्गदर्शक रहा। प्रसाद-साहित्य इसी विस्तृत अध्ययन और चिन्तन से अनुप्राणित है।

प्रसाद जी का परिवार अब वैभवशाली न रह गया था। ऋण के बोझ से परिवार की कमर टूट चुकी थी किन्तु बड़े भाई किसी न किसी प्रकार से परिवार की आर्थिक स्थिति सुधारने का प्रयास ही कर रहे थे कि माता का भी देहान्त हो गया। फिर भी प्रसाद को माता-स्नेह भाभी से मिलता रहा। इन सब विकराल समस्याओं के बीच भी वे पढ़ रहे थे, और प्रसाद ने ब्रजभाषा में सवैया, घनाक्षरी आदि लिखना भी शुरू कर दिया। दुकान में बैठे-बैठे उन्होंने अपना अध्ययन ज़ारी रखा। प्रसाद के कविता करने का काम बड़े भाई के रोकने पर भी न रुका। माता की मृत्यु के लगभग दो ही वर्षों पश्चात् बड़े भाई की भी मृत्यु हो गई। जिससे प्रसाद की मानसिक स्थिति और भी दयनीय हो गई। अभी प्रसाद की अवस्था सत्रह वर्ष की ही थी कि उन्होंने तीन अवसान देखे–पिता, माता और बड़े भाई। समस्त परिवार का भार प्रसाद के ऊपर आ गया।

प्रसाद के जीवन का सर्वस्व नष्ट हो गया। उनके चारों ओर विषमताएँ नाच रही थीं। भावुक प्रसाद ने परिवार के प्रति अपने उत्तरदायित्व को निभाना भी बड़ा भारी कर्तव्य समझा। वे अपने पूर्वजों के गौरव को एक बार पुनः स्थापित करना चाहते थे। उन्हें स्वयं विवाह करना पड़ा, लेकिन इसके अनन्तर और भी दो विवाह करने पड़े। वास्तव में प्रथम और द्वितीय पत्नियों के निधन से ही तीसरा विवाह किया था और वह भी भाभी के अनुरोध से इसी अवसर पर प्रसाद में भक्ति का स्रोत भी उमड़ आया था। व्यवसाय और परिवार का दायित्व भावुक प्रसाद पर पड़ा और एक न एक प्रकार से वे ऋण-मुक्त भी हो गए।

पुस्तक ज्ञान की अपेक्षा अनुभव-ज्ञान ही प्रसाद को अधिक मिला था। पारिवारिक समस्याओं ने उन्हें ज्यादा चिन्तन-मनन करने को विवश कर दिया। प्रसाद को एक सफल साहित्यकार बनाने में इस संसार से मिलने वाली शिक्षा का भी ज्यादा महत्व रहा। जीवन संघर्ष के बीच पड़कर प्रसाद का व्यक्तित्व अधिक उज्ज्वल हो गया। पाश्चात्य विद्वान निकलसन ने एक स्थान पर लिखा है–"Personality is a State of Tension and cUn continue only if that state is maintained"—जो प्रसाद के सम्बन्ध में सार्थक ही सिद्ध होगा।

प्रसाद शारीरिक दृष्टि से भी हृष्ट-पुष्ट थे और उनका शरीर सुसंगठित था।

वे लम्बे-पूरे नहीं थे, किन्तु गौर वर्ण के रहे। सदा अपनी मधुर मुस्कान से लोगों को प्रसन्न किया करते थे। गोष्ठी के समय वे कभी कृत्रिमता, अनावश्यक गम्भीरता या दिखावट न दिखाते थे। प्रसाद का सामीप्य मित्रों व साधारण लोगों के लिए बहुत आनन्ददायक था और यह भी सच है कि उनकी गोष्ठी से लोग प्रसन्न और हँसते हुए निकलते थे।

प्रसाद जी सीधे-सादे और सरल हृदय वाले सज्जन व्यक्ति थे। वे घर पर प्रायः खद्दर के कुर्ते और धोती में रहा करते थे। लेकिन बाहर आते समय वे अधिक गम्भीर दिखाई देते थे। हाथ में छड़ी लेकर बाहर निकलना उन्हें अधिक पसन्द था। इसके साथ-साथ रेशमी कुर्ता, रेशमी गाँधी टोपी और रेशमी दुपट्टा से अलंकृत होकर गम्भीरता के साथ वे गोष्ठियों में भाग लेते थे।

सामाजिक जीवन

प्रसाद एक संकोचशील व्यक्ति थे। प्रायः घर या दुकान पर ही अपने मित्रों के साथ बैठकर साहित्यिक विषयों और कविताओं की चर्चा करना उनकी आदत रही। सभा-सोसाइटियों अथवा भाषण-व्याख्यानों में प्रसाद जी को बहुत कम रुचि थी, परन्तु विस्मय या कौतूहलपूर्ण वार्ता, देश-विदेश के अनुभव, और यात्रा-वर्णनों से वे विशेष आकृष्ट रहते थे। परिवार और मित्रमण्डली के बाहर एक सार्वजनिक या सामाजिक व्यक्ति के रूप में प्रसाद कम ही आते थे। उन्हें अपने साहित्यिक और गार्हस्थिक कार्य से अवकाश न मिलता था। प्रायः संध्या समय वे बनारस चौक के समीप गली वाली अपनी सुँघनी साहु की दूकान पर बैठते थे, जहाँ जाने अनजाने सभी प्रकार के लोग उनसे मिलने आते। मित्रों से प्रसाद जी जितने खुले रहते थे, अपरिचितों से उतने ही शालीन और मितभाषी थे। यदि कहीं वाद-विवाद की सम्भावना देखते तो मौन ही रह जाते। परन्तु यदि मित्रों का जमघट रहता तो दिल खोलकर बातें करते, फब्तियाँ भी कसते और कभी किसी का रहस्योद्घाटन करते। लेकिन इन सभी चर्चाओं में प्रसाद जी के खुले दिल की प्रसन्न भावना ही काम करती, वैमनस्य या ईर्ष्या-द्वेष के लिए उनके व्यक्तित्व में स्थान न था।

प्रसाद की मौलिकता तो इसी से झलकती है कि उन्होंने अपनी जो पुस्तके काशी नागरी प्रचारिणी सभा को दीं, उनमें 'श्रीमती का.ना.प्र.स. को सादर समर्पित' लिखा हुआ है। वे इसी प्रचारिणी में घंटों बैठकर अध्ययन किया करते थे। समृद्धशाली वातावरण में रहते हुए भी उन्होंने जीवन को खुली आँखों से देखने और पढ़ने का प्रयास किया। उनका साहित्य इसी अनुभव पर आधारित है। प्रसाद के जीवन और साहित्य में इतनी निकटता रही है कि उन्हें एक-दूसरे से अलग नहीं देख सकते। बाल्यकाल में वे ब्रजभाषा के कवियों की रचनाएँ ध्यान से सुनते थे। धर्म और दर्शन के विषय में होने वाले वाद-विवाद के समय भी वे उपस्थित रहते। इस साहित्यिक

और कलात्मक वातावरण के अतिरिक्त अन्य प्रकार के व्यक्तियों से भी उनका सम्पर्क यहाँ हुआ। अपनी प्रसिद्ध 'ममता' कहानी की प्रेरणा उन्होंने सारनाथ के भग्नावशेषों से प्राप्त की थी। 'आँधी' का रामेश्वर उनका एक मित्र था। इस प्रकार काल की प्रेरणा बाह्य और आन्तरिक जीवन से अधिक सम्बन्ध रखती है। प्रसाद अपने विचारों से पूर्णतया देशभक्त थे। कांग्रेस की अपेक्षा गाँधी जी के व्यक्तित्व ने उन्हें अधिक प्रभावित किया था। वे देश भक्ति के साथ ही सांस्कृतिक उत्थान के भी पक्षपाती थे। भारतीय संस्कृति के प्रति मोह रखते हुए भी वे रूढ़िवादी नहीं थे। जाति-पाँति, छुआछूत, पाखंड आदि से वे कोसों दूर थे। शक्ति के उपासक होते हुए भी वे अहिंसा के पुजारी थे और बौद्ध दर्शन की ओर उनका अधिक झुकाव था। प्रसाद के सम्पूर्ण साहित्य में करुणा-ममता का स्वर है, खासकर 'आँसू' में।

इन सबके अतिरिक्त जीवन की सामयिक समस्याओं के विषय में प्रसाद जी जागरुक रहते थे। 'तितली' और 'कंकाल' में इन समस्याओं पर विस्तार से विचार किया गया है। नारी-उद्धार, अछूत समस्या, रूढ़िवादिता, धर्म आदि पर उन्होंने अपने विचार व्यक्त किए हैं और शिथिल समाज का पुनरुथान चाहा है।

प्रसाद के साहित्य में बिखरी हुई प्रेम और अतृप्ति की भावना से प्रतीत होता है कि उनकी निजी एक प्रेम कहानी है जो सम्भवतः सफल नहीं हुई। 'आँसू' के वियोग वर्णन के मूल में कोई लौकिक आलम्बन-सा प्रतीत होता है। उनकी अनुभूति इतनी प्रत्यक्ष है कि उससे कवि की वैयक्तिक भावना का स्पष्ट परिचय मिल सकता है। यद्यपि कुछ आलोचक उसे अलौकिकता की ओर खींचने का प्रयास करते रहे हैं।

नारी के प्रति प्रसाद का स्वस्थ दृष्टिकोण उनके इसी प्रेम का परिणाम है। उन्होंने नारी को शारीरिक आकर्षण से परे शक्ति रूपा माना। सौन्दर्य को उज्ज्वलता, वरदान और चेतना से विभूषित करके प्रसाद ने उसे आदर्श रूप दे दिया है। उनके परवर्ती काव्य को देखने से यह पता चलता है कि सौन्दर्य और प्रेम के विषय में उनकी बड़ी उदात्त भावना थी। 'प्रेमराज्य' में समस्त सृष्टि नवीन ज्योति से आलोकित हो उठती है। वे उदात्त सौन्दर्य और प्रेम के कवि हैं, विलास और खुमारी के नहीं। प्रसाद की प्रेम-भावना में ऐसा असाधारण उन्मेष हुआ, जो मानवता के आदिपुरुष मनु का भी पथ-प्रदर्शन कर सका। उनकी प्रणय-कथा का थोड़ा-बहुत आभास 'आत्मकथा' द्वारा प्राप्त होता है।

प्रसाद की नारी-भावना हिन्दी को एक महत्वपूर्ण देन है। प्रसाद की दृष्टि में नारी केवल आकर्षण और सौन्दर्य की वस्तु नहीं। उनको स्वयं तीन विवाह करने पड़े थे। प्रसाद जैसे गम्भीर व्यक्ति के मुख से उनकी आन्तरिक कहानी को चुन लेना सहज न था। प्रेम की नीरव-पीड़ा प्रसाद-साहित्य में मिलती है। नारी-भावना में कवि ने अपनी कोमल भावनाओं का सहारा लिया है। वे नारी को सदा आदर

और सम्मान की दृष्टि से देखा करते थे। प्रसाद नारी और पुरुष के मधुर सम्बन्ध को सृष्टि का सर्वोत्तम लक्ष्य मानते हैं। प्रसाद के चरित्र की सबसे बड़ी विशेषता यह थी कि जीवन भर जिस स्मृति को सजाने का प्रयास किया, उसे कोई भी नहीं जान सका। वे साक्षात् शंकर थे, जो समस्त पीड़ा को स्वयं विष की भाँति पी लेना जानते थे।

प्रसाद को मित्रों से बड़ा स्नेह रहता था, किन्तु उन्हें धोखा भी हुआ। उन्होंने लिखा है—"मित्र मान लेने पर मनुष्य उससे शिवि के समान आत्म त्याग, बोधिसत्व के सदृश्य सर्वस्व समर्पण की जो आशा करता है और उसकी शक्ति की सीमा तो प्रायः अतिरंजित देखता है, वैसी स्थिति में अपने को डालना मुझे पसन्द नहीं। क्योंकि जीवन का हिसाब-किताब उस काल्पनिक गणित के आधार पर रखने का मेरा अभ्यास नहीं है, जिसके द्वारा मनुष्य सबके ऊपर अपना पावना ही निकाल लिया करता है।"[3] इस भाँति प्रसाद सदा देना जानते थे, लेना नहीं। अपने मित्रों के लिए वे सब कुछ त्याग कर सकते थे।

काशी के सांस्कृतिक वातावरण में ही प्रसाद पले थे। दूर-दूर से आए नर-नारी सब विश्वनाथ के मन्दिर में पूजन के पश्चात् लौटते, तो उनका कवि हृदय बरबस ही कह उठता था, 'आज भी भारत में धर्म-भावना मर न सकी।' वे काशी में ही सम्पूर्ण जीवन बिताना चाहते थे। 'गुंडा' नामक कहानी आज भी काशी के वातावरण को उजागर करती है। एक बार अपने पुत्र रत्नशंकर के अत्यधिक अनुरोध पर वे लखनऊ प्रदर्शिनी देखने गए थे, जो सम्भवतः उनकी अन्तिम यात्रा थी। हिन्दी का वह यशस्वी कलाकार 15 नवम्बर 1937 को प्रातःकाल इस संसार से उठ गया और छोड़ गया अपने व्यक्तित्व और कृतित्व का प्रभाव जो युगों तक आनेवाली मानवता को आनन्द देता रहेगा।

बनारसी रंग में रंगे हुए प्रसाद की सबसे बड़ी विशेषता थी, उनकी मस्ती। वे जीवन का पूर्ण आनन्द लेते थे, पूर्ण तन्मय रहते थे। प्रसाद सौन्दर्य के उपासक और आनन्द के पुजारी थे। उनका सम्पूर्ण साहित्य इसी आनन्द का प्रतीक है। उनका शराबी पात्र मधुआ कहता है—"मौज बहार की एक घड़ी एक लम्बे दुःखपूर्ण जीवन से अच्छी है। उसकी खुमारी में रूखे दिन काट लिए जा सकते हैं।"[4] वे शैव थे और आनन्द की खोज में सदा लगे रहे। आन्तरिक जीवन में प्रसाद एक अध्ययनशील, चिन्तनशील और गम्भीर व्यक्ति थे। सामाजिक जीवन में वे त्यागी, सहृदय और सरल थे।

प्रसाद ने बहुमुखी प्रतिभा से साहित्य जगत में अपना स्थान अमर बना दिया है। डॉ. नगेन्द्र ने प्रसाद की प्रतिभा का मर्म-निर्देश करते हुए लिखा है—"प्रसाद जी हिन्दी जगत में अमर शक्तियाँ लेकर अवतीर्ण हुए थे। उनकी प्रतिभा सर्वथा मौलिक थी। उन्होंने साहित्य के जिस अंश को स्पर्श किया, उसी को सोना बना दिया। उनका

महत्व ऐतिहासिक तो है ही वे एक प्रकार से आधुनिक युग के निर्माता भी हैं।"[5]

प्रसाद जी ने साहित्य की सभी शाखाओं को समान रूप से स्पर्श किया है। कविता, कहानी, नाटक, उपन्यास, निबंध आदि साहित्य के विविध अंगों में उन्होंने कार्य किया। उनका साहित्य मानवता की व्यापक और उदात्त भूमि पर खड़ा है। वे आदर्शवादी थे, पर यथार्थ भूमि पर खड़े होकर उन्होंने जिस सार्वभौमिक साहित्य का निर्माण किया, वह युग-युग तक मानवता को रस देता रहेगा।

1940 में निराला जी ने आदरणीय प्रसाद के प्रति लिखा था–

> **"किया मूक को मुखर, लिया कुछ, दिया अधिकतर,**
> **पिया गरल पर किया जाति साहित्य को अमर।"[6]**

सार्थक ही है। साहित्य क्षेत्र में प्रसाद का व्यक्तित्व केवल कवि या नाटककार का नहीं, बल्कि एक महान तपस्वी का है।

दार्शनिक प्रेरणा

प्रसाद जी ने भारतीय संस्कृति के साथ-साथ प्राचीन दर्शन से भी प्रेरणा ग्रहण की है। यदि उनके साहित्य से दार्शनिक सिद्धान्तों को पृथक् कर दिया जाए तो उनका सारा का सारा साहित्य महत्वहीन हो जाएगा। प्रसाद के चिन्तन का मूल स्रोत ही उपनिषद है। ब्रह्म, जीव, आत्मज्ञान तथा आनन्द सम्बन्धी धारणाओं को प्रसाद ने मूलतः उपनिषदों से ही ग्रहण किया है। उपनिषदों में ब्रह्म के विविध रूपों का वर्णन किया गया है। वह ब्रह्म जल, स्थल, मारुत तथा व्योम में चारों ओर समाया हुआ है, सर्वांतर्यामी है–'जल थल मारुत व्योम में जो छाया है सब ओर।'[7] भारतीय उपनिषदों का प्राचीन ब्रह्मवाद विश्व को ब्रह्म से अलग नहीं मानता। यह विश्व को ब्रह्म का स्वरूप बताता है–

> **"ब्रह्मवेदों पुरस्तात ब्रह्मपश्चाद्दक्षिण पतश्चोन्तरेण**
> **अधश्चोर्ध्वं च प्रस्तुतं ब्रह्मवेदं तिश्वमिंद वरिष्ठम्।"[८]**

उपनिषदों के अतिरिक्त प्रसाद ने वेदों-वेदान्तों से भी प्रेरणा प्राप्त की थी। अतः वैदिक विचारों के प्रचुर प्रयोग के साथ उनके नाटकों में श्रद्धा, काम, ऋतु, एकेश्वरवाद सम्बन्धी वैदिक धारणाओं का उल्लेख मिलता है। प्रसाद के नाटकों पर 'श्रीमद् भगवद्गीता' का भी यथेष्ट प्रभाव पड़ा है। कर्मयोग, समन्वय योग तथा सर्वात्मैक्य भाव को प्रसाद ने सर्वाधिक महत्व दिया है। गीता के अनेक श्लोकों में इस पर ज़ोर दिया गया है कि कर्मयोग तथा समत्वयोग की साधना के लिए मन का संयम और कामनाओं की समाप्ति अपेक्षित है। कर्मयोग से ही मानवता का विकास, आनन्द का प्रसाद होता है–'कर पुरुषार्थ करो, जड़ता हटाओ।' इस वन्य प्रान्त में

मानवता का विकास करो जिसमें आनन्द फैले। सृष्टि को सफल बनाओ।[9]

वेदों, उपनिषदों, गीता आदि के चिन्तन की भाँति प्रसाद को शैवदर्शन से भी प्रेरणा मिली। शैवदर्शन के प्रभाव के फलस्वरूप प्रसाद के प्रमुख पात्र सामरस्य की भावना से अनुप्राणित दिखाई देते हैं। आनन्दानुभूति का चरम आदर्श 'सामरस्य' माना गया है। इसका अनुभव करते हुए मुक्त जीव शिवत्व को प्राप्त कर सकते हैं। यही शैवदर्शन का आनन्दानुवाद है। उपनिषदों में आनन्द की महत्ता को प्रतिपादित करते हुए बतलाया गया है कि आनन्द ब्रह्म है।[10] प्रसाद साहित्य पर बौद्धिक दर्शन का भी ज्यादा प्रभाव पड़ा है।

प्रसाद के नाटकों में प्राप्त लम्बे काव्यात्मक कथन, स्वोक्तियाँ, चमत्कारी शैली, नाटकीय संघर्ष और व्यंग्य, अतिप्राकृत तत्व आदि बातों में प्रसाद जी पर 'शेक्सपीरियन' प्रभाव है। अपने युग के दो मनीषी गाँधीजी और रवीन्द्रनाथ ठाकुर से प्रसाद जी विशेष रूप से प्रभावित हैं। द्विजेन्द्रलाल राय के नाटकों के द्वारा भी बंगला नाट्य-साहित्य का गम्भीर प्रभाव प्रसाद पर पड़ा।

प्रसाद जी ने राष्ट्रीयता की संकीर्ण सीमाओं से ऊपर उठकर शिवात्मा की खोज की और गाँधीजी के सत्य, अहिंसा के प्रयोगों, रवीन्द्र के विश्वबन्धुत्व के भावों तथा विवेकानंद आदि के धर्म समन्वय विचारों से प्रेरणा ग्रहण कर नवीन विश्वमानवता और विश्वमैत्री की भावना प्रदर्शित की। उस समय रवीन्द्र मानव के गूढ़ चरित्र और महान स्वरूप की व्यवस्था में निरत थे। इनसे प्रभावित होकर प्रसाद जी के साहित्य में मानवतावाद का स्वर उभर कर आया है। छायावादी युग के प्रवर्तक कवि होने के कारण प्रसाद जी के नाटकों में स्वच्छन्दतावादी काव्य प्रवृत्ति की विशेषताएँ मिल जाती हैं, जिनमें से प्रकृति के प्रति निष्ठा, राष्ट्रीयता, आदर्शवाद, निराशावाद, नियतिवाद, भोगवाद, दुःखवाद आदि की प्रवृत्तिगत विशेषताएँ प्रमुख हैं। पंत जी के शब्दों में—"प्रसाद का जो सर्वोच्च है, वह क्लासिक्स सूची से प्रेरित है, उनका जो माध्यम अथवा उससे भी साधारण कोटि का कृतित्व है उसमें अवश्य वह उद्‌बोधक, विद्रोही, क्रान्तिकारी एवं कटु व्यंग्यकार के रूप में अधिक प्रकट हुए हैं।"[11]

प्रसाद का दार्शनिक योगदान

प्रसाद आधुनिक युग के सर्वोत्कृष्ट कवि-दार्शनिक हैं। उन्होंने देखा कि आज विश्व का मानव पीड़ित एवं संतप्त है। उसके चिर दग्ध-दुःखी जीवन में सुख और आनन्द के दर्शन तक नहीं होते और वह अधिकाधिक वैज्ञानिक प्रगति करने के उपरान्त भी बेचैन एवं व्यथित दिखाई देता है। आज उसके पास पर्याप्त वैभव है, अपार शक्ति है, प्रभूत धन है, और इस समस्त समृद्धि को एकत्र करने के लिए उसके पास पर्याप्त वैज्ञानिक साधन हैं, फिर भी उसका जीवन सतत संघर्ष, असफलता, निराशा, अनिश्चितता, असन्तोष आदि का शिकार बना हुआ है। प्रसाद ने आधुनिक मानव की इस भीषण

समस्या को, जीवन की इस विषम विडम्बना को अथवा मानवता की सतत विफलता को भली प्रकार समझने का प्रयास किया और इसका निराकरण करने के लिए अपने साहित्य के माध्यम से एक ऐसे दार्शनिक चिन्तन का आविष्कार किया, जिसे 'आनन्दवाद' के नाम से अभिहित करना सर्वथा समीचीन एवं उपयुक्त प्रतीत होता है।

प्रसाद का 'आनन्दवाद' भारतीय दर्शनों की पुरातन परम्परा में पल्लवित होकर भी अत्यधिक मौलिक, स्वाभाविक, व्यावहारिक एवं युगानुकूल है, क्योंकि प्रसाद के इस दार्शनिक-चिन्तन में श्रुति-स्मृति तथा आगामों द्वारा प्रतिपादित विचारधारा के साथ-साथ आधुनिक मानवतावादी दार्शनिक विचारों का भी समावेश हुआ है, जिसके परिणामस्वरूप प्रसाद का यह 'आनन्दवाद' सनातन होकर भी नवीन है, परम्परागत होकर भी स्वतन्त्र है और अन्य दर्शनों से प्रभावित होकर भी सर्वथा मौलिक है। प्रसाद न गहन एवं गम्भीर चिन्तनमनन के द्वारा अपने इस 'आनन्दावाद' का आविष्कार करके जगती का कल्याण करने के लिए हमें जो दार्शनिक विचार दिए हैं, वे इस प्रकार हैं–

1. प्रसाद का विचार है कि सृष्टि में सर्वत्र एक चेतनता विलास कर रही है।[12] वह चिति, महाचिति, चेतना, शुद्ध चेतन, चैतन्य शक्ति आदि अनेक नामों से अभिहित की जाती है। विश्व में सर्वत्र उस चेतन की चित्कला ही प्रकट हो रही है और वह चेतन-सत्ता विश्व के रूप में प्रकट होकर यहाँ सदैव लीलामय आनन्द करती रहती है। यह सारी सृष्टि उस चेतना का विराट् स्वरूप है।[13] वही समस्त आलोक चैतन्य और प्राण-शक्ति की प्रदाता है और मृत्यु के द्वारा वही इसे लौटा लेती है।[14] वह चेतना ही यहाँ अपनी लीला से जल, थल और नभ का रूप धारण कर रही है, उसी ने इस प्रेम और आनन्द से परिपूर्ण निराधार ब्रह्मांड को आधार प्रदान किया है, सम्पूर्ण जीवों में वही अतीव सुन्दर परछाइ के समान खेल रही है, वही हमारे अन्तर्गत छिपकर हमें विविध, आकार प्रदान करती है, उसी की सत्ता को हम 'अहमिति' द्वारा पूर्णानुभव करते हैं और उसी ने 'तू मैं ही हूँ', इस चेतन का प्रणव मध्य गुंजार किया है।[15] जब सर्वत्र वह चेतनता विद्यमान है तब जड़ और चेतन का भेद करना व्यर्थ है। प्रसाद ने अपने इस सर्वचेतनता सम्बन्धी दार्शनिक विचार द्वारा मानवों को जड़त्व के लौह पाश से मुक्त किया है, उन्हें सदैव सचेत एवं सावधान रहने के लिए संकेत किया है, सुख-दुःख, पाप-पुष्प आदि के द्वन्द्वों से मुक्त किया है और प्रत्येक प्राणी को अनन्त चैतन्य शक्ति से सम्पन्न घोषित किया है, जिससे वह विश्व में अभीष्ट फल की प्राप्ति के लिए सतत प्रयत्नशील रह सकता है।

2. नियतिवाद भारतीय दर्शन की प्रमुख धारा है। यह शैवागामों के प्रत्यभिज्ञादर्शन से प्रभावित है। प्रसाद ने मानव की निरंकुशता, अनियामितता एवं आनाचारिता का नियन्त्रण करने के लिए एक ऐसी नियामिका-शक्ति में दृढ़ विश्वास प्रकट किया है,

जो सम्पूर्ण विश्व का नियमन करती है, दम्भ और अहंकार से पूर्ण मनुष्य को अपना क्रीड़ा-कन्दुक बनाती है, कर्तृत्व-मद से मत्त मनुष्यों की कर्म-शक्ति को अनुचरी बनाकर उनसे ही अपना कार्य कराती है, सदैव उत्थान का पतन एवं पतन का उत्थान करती हुई दम्भ का दमन करती है और कृत्रिम स्वार्थ-सिद्धि में रुकावट उत्पन्न करती है।[16] प्रसाद की यह नियति भाग्य से सर्वथा भिन्न है, क्योंकि भाग्य का शासन तो जीवों तक ही सीमित है, जबकि नियति सम्पूर्ण सृष्टि का नियमन करती है। अजातशत्रु में जीवक के शब्दों में प्रसाद कहलाते हैं—"अदृश्य तो मेरा सहारा है। नियति की डोरी पकड़कर मैं निर्भय कर्मकूप में कूद सकता हूँ। क्योंकि मुझे विश्वास है कि जो होना है, वह तो होगा ही, फिर कायर क्यों बनूँ कर्म से क्यों विरक्त रहूँ।"[17] प्रसाद की नियति मानवों को सामाजिक कार्य करने की पूरी छूट देती है और कहीं भी लौकिक न्याय की प्राप्ति में बाधक नहीं बनती। किसी भी सीमा रेखा पर जाकर पूर्वजन्म और उसके कर्मों की दुहाई देना और मनुष्य को सामाजिक न्याय के मार्ग में पूरी दूरी तक जाने देने से रोकना प्रसाद की नियति का कार्य नहीं है,[18] जबकि भाग्य सदैव मानवों का कर्म-बन्धन से बाँधे रहता है, पूर्व जन्म के संचित कर्मों और प्रारब्ध के सहारे उसकी प्रगति का लेखा-जोखा बताया करता है तथा मानवों को अपने पुरुषार्थ पर भरोसा न कराकर उनकी सामाजिक प्रगति में सदैव बाधक बना करता है।

'नियति' के रूप में प्रसाद ने मानव को एक ऐसी शक्ति प्रदान की है जिससे मानव सदैव सत्कर्म की ओर प्रवृत्त रह सकता है। इस नियति-शक्ति में आस्था एवं विश्वास रखने वाला व्यक्ति कभी अकर्मण्य नहीं बन सकता, वह सदैव अपने पुरुषार्थ द्वारा अभ्युदय को प्राप्त कर सकता है और इस नियामिका-शक्ति के वास्तविक स्वरूप को जानकर तथा इसके नियन्त्रण से मुक्त होकर अखंड आनन्द को भी प्राप्त कर सकता है। तत्कालीन समाज को स्वातंत्र्य प्राप्ति के लिए कर्मठ एवं प्रगतिशील बनाने के लिए प्रसाद की यह नियति-सम्बन्धी दार्शनिक देन भी अत्यधिक महत्वपूर्ण है।

3. अधिकांश भारतीय दार्शनिकों ने यहाँ के जन-जीवन में ये विचार कूट-कूट कर भर दिए थे कि मानव-जीवन पानी का बबूला है, क्षणिक है, क्षणभंगुर है, नश्वर है और देखते ही देखते विलीन हो जाता है। अतएव इस जीवन पर गर्व नहीं करना चाहिए, इसके लिए अधिक प्रयत्नशील भी नहीं होना चाहिए और न इसे अधिक समृद्ध एवं सशक्त बनाने का ही प्रयत्न करना चाहिए, क्योंकि मृत्यु के इस क्षुद्र अंश में जब स्थायित्व ही नहीं है, सदैव यह अभाव एवं असफलताओं का ही शिकार बना रहता है।[19] तथा श्रममय कोलाहल एवं पीड़ामय व्याकुलता में ही लिप्त रहता है, तब इसे इतनी गहरी नींव देने की क्या आवश्यकता है?[20] प्रसाद यह जानते थे कि जीवन की क्षणभंगुरता के विचार ने कितने तरुण युवकों एवं युवतियों के मस्तिष्क को विकृत कर दिया है, आर्य-धर्म के आरम्भिक उल्लासमय स्वरूप को नष्ट-भ्रष्ट

कर दिया है और उसके स्थान पर आलस, अवसाद-ग्रस्त कायरता के कारण विवेक के ढोंग को प्रोत्साहन दिया है जिससे अनन्त शक्ति-सम्पन्न जीवों का जीवन शिथिल होकर जैसे किसी को कुचल न देने का मिथ्या अभिनय करता लड़खड़ाता हुआ जीवन-देवता को ही कुचल रहा है।[21] वे इस अनित्यता के स्थान पर भारतीय जन-जीवन में जीव की नित्यता एवं मानव-जीवन की शाश्वत सत्ता का प्रचार करना चाहते थे जिससे मानवों में उत्साह साहस और आत्मविश्वास की प्रतिष्ठा हो, आर्य संस्कृति के वे चिरंतन विचार फिर से जन-जीवन में फैल जाएँ, जिनके फलस्वरूप वे उस हानि से बचने का प्रयत्न करें, जो अनित्यता के मिथ्या विवेक द्वारा उत्पन्न अतिवाद के कारण हो रही है और जिससे मानवता पद-पद पर ठोकर खाकर असफलता को प्राप्त कर रही है।[22] जीवात्मा को अविनाशी, नित्य, अज और अव्यय अर्थात् विकार-रहित समझना है। इसे न तो शस्त्र काट सकते हैं, न आग जला सकती है, न जल भिगो सकता है और न वायु आर्द्र द्रव्य का शोषण करके नष्ट कर सकती है, अपितु यह तो अच्छेद्य, अदाह्य, अक्लेद्य एवं अशोध्य होने के कारण नित्य, सर्वगत, स्थिर, अचल एवं सनातन है।[23]

गीता के उपर्युक्त विचारों से सहमत होते हुए प्रसाद ने जीव की नित्यता घोषित की और बताया कि जीव का जीवन अनन्त है, अखंड है और अच्छेद्य है, इसे छिन्न करने का अधिकार किसी को भी नहीं है। उनके अनुसार जीव स्ववश है, वह सुरीले शुद्ध नाद के तुल्य विकार-हीन है, वह चेतन है, वह स्वामी है, वह केवल है, वह स्वच्छ एवं निर्मल है, वह स्वतन्त्र कर्त्ता है और वह न कभी जन्म लेता है और न मरता है।[24] प्रसाद का नित्यता सम्बन्धी यह दार्शनिक विचार आधुनिक प्रगतिशील एवं उन्नतशील समाज के लिए अत्यधिक महत्वपूर्ण है।

4. बौद्ध दर्शन ने 'सर्व क्षणिक' कहकर सम्पूर्ण दृश्य पदार्थों की जो क्षणभंगुरता सिद्ध की थी और शंकर वेदान्त ने 'ब्रह्म सत्यं जगन्मिथ्या' के उद्घोष द्वारा ब्रह्म की सत्यता और जगत की असत्यता एवं अनित्यता का जो प्रचार किया था, उसका प्रभाव प्रायः समस्त भारतीय साहित्यकारों पर भी पड़ा। लेकिन आधुनिक युग में आकर जगत के मिथ्या तत्व की भावना का घोर विरोध हुआ। प्रसाद ने भी इसी विचार का समर्थन किया कि जब तक सर्वसाधारण के हृदय से यह भावना दूर नहीं हो जाती कि यह जगत मिथ्या है, निस्सार है, भ्रम है, क्षणिक है अथवा असत्य है तब तक वे तत्परता और लगन के साथ कोई काम नहीं कर सकते और उदासीन भी होते जाएँगे। इसलिए प्रसाद ने जीव की नित्यता के साथ-साथ जगत की सत्यता का दार्शनिक विचार संसार को प्रदान किया और बतलाया कि वेदान्त में जगत की परमार्थिक दृष्टि से जगत असत् है, व्यावहारिक दृष्टि से सत् है और प्रतिभासिक दृष्टि से सत् और असत् से अनिर्वचनीय है। आधुनिक युग में आकर जगत के मिथ्यातत्व की भावना का घोर विरोध हुआ और परतन्त्रता की बेड़ियों में आबद्ध

जन साधारण को सावधान एवं सचेत करने के लिए यहाँ ब्रह्म-समाज, प्रार्थना-समाज, ब्रह्म-विद्या-समाज, आर्य-समाज, रामकृष्ण-मिशन आदि सुधारवादी संस्थाओं तथा तिलक, गाँधी, अरविंद, विवेकानंद प्रभृति अनेक विद्वानों ने भारतीय जीवन में नवजागरण का शंक फूँका दिया तथा उन्हें स्वतन्त्रता के उन्मुक्त वातावरण में सांस लेने के लिए तैयार किया। नवजागरण की इसी वेला में कविवर प्रसाद ने पदार्पण किया और यह अनुभव किया कि जब तक सर्वसाधारण के हृदय से यह भावना दूर नहीं हो जाती कि यह जगत मिथ्या है, निस्सार है, भ्रम है, क्षणिक है अथवा असत्य है तब तक वे अपने काम में असफल रहेंगे।

प्रसाद ने स्पष्ट लिखा है कि "वह वेदान्त पिछले काल का सांप्रदायिक वेदान्त है, जो तर्कों के आधार पर अन्य दार्शनिक को परास्त करने के लिए बना। सच्चा वेदान्त व्यावहारिक है। वह जीवन समुद्र आत्मा को उसकी सम्पूर्ण विभूतियों के साथ समझता है।"[25] अतः प्रसाद ने वेदान्त के व्यावहारिक स्वरूप का समर्थन किया और जगत को उस विराट चित्ति का मंगलमय चिर सुन्दर रूप कहकर सत्य घोषित किया। अतः उन्होंने यह घोषणा की कि जगत की असत्यता का विचार मिथ्या है, भ्रामक है, जबकि जगत उस शुद्ध चेतना का सत्य स्वरूप होने के कारण पूर्णतया सत्य है। आधुनिक मानव को निराशा एवं उदासीनता के गहन अंधकार से निकाल कर आशा और उत्साह का दिव्य आलोक प्रदान करने वाला प्रसाद ने भ्रम और सन्देह की गर्त से उन्हें निकाल कर आत्मविश्वास की उच्च चोटी पर खड़ा किया, शिथिलता और पलायनवादिता के अंधकूप से निकालकर उन्नति एवं प्रगति का समतल मैदान प्रदान करके परतन्त्रता और पराधीनता की घनीभूत पवन से रुद्ध श्वासों को स्वतन्त्रता एवं स्वाधीनता के उन्मुक्त पवन में पुनः चलने योग्य बनाया।

5. प्रसाद युगीन भारतीय समाज में जनता ऊँच-नीच, छूत-अछूत, शुद्ध-अशुद्ध, छोटा-बड़ा, धनी-निर्धन, पंडित-मूर्ख आदि के भेदों से ग्रस्त थी। दीन व्यक्ति सम्पन्नों के बीच पड़कर पिस गए थे। प्रसाद की राय में मानव-समाज में द्वैत भावना ही इस भेद-भाव को जन्म देती है। इस द्वैत भावना के कारण ही वर्ण-व्यवस्था, अनेक सामाजिक समस्याएँ आदि उत्पन्न हो गई हैं। इसके बावजूद मानव की अभिलाषाएँ कभी पूर्ण नहीं होतीं, उनके जीवन में प्रायः व्यथा एवं वेदना भरी रहती है। प्रसाद का मत है कि द्वैत भाव के कारण ही मानव का सारा जीवन युद्ध बन जाता है, जिसके फलस्वरूप उसके भाव भी शुद्ध नहीं रहते, वह अपनी ही शंकाओं से व्याकुल होकर अपने ही विरुद्ध हो जाता है, वास्तविक स्वरूप को छिपाकर समाज को अपना कृत्रिम रूप दिखाया करता है, उसकी बुद्धि सदैव भ्रांत रहती है और सदैव भ्रांत होकर जीवन-यापन करता है।[26] अतएव प्रसाद ने द्वैत के कारण उत्पन्न होने वाली बुराइयों का उल्लेख करते हुए परिवार भेद, समाज भेद, वर्ग-भेद आदि के कारण उत्पन्न हुई उस खाई की ओर भी संकेत किया, जो तत्कालीन समाज में फैलती जा रही थी।

प्रसाद ने अपने इस अभेदवादी दृष्टिकोण को अद्वैतभाव से पृथक् सिद्ध करते हुए बताया कि अद्वैत में न तो जगत को महत्व दिया गया है और न जीवन की ही महत्ता स्वीकार की गई है, अपितु वहाँ केवल आत्मा की महत्ता का ही प्रतिपादन किया है। परन्तु प्रत्यक्ष में जीव और जगत का भी महत्व है। जड़-चेतन से परिपूर्ण यह जगत विविध रूपों में दिखाई अवश्य देता है, परन्तु यह शुद्ध-चेतन का अखंड व्यापार है। जब सर्वत्र शुद्ध चेतन है, तब जड़ और चेतन का भी भेद करना समीचीन नहीं। सर्वत्र अभेद रूप से एक ही तत्व का प्राधान्य है, उसे चाहे जड़ और चाहे चेतन किसी भी नाम से अभिहित किया जा सकता है।[27] अतएव प्रसाद का यह अभेदवादी दृष्टिकोण न केवल सामाजिक ममता एवं राष्ट्रीय एकता का द्योतक है, अपितु विश्वबंधुत्व को जाग्रत करता हुआ सर्वात्मवाद का भी प्रचारक है और सम्पूर्ण मानवों की एकरूपता सिद्ध करता हुआ मानवता के विकास के लिए भी कल्याणकारी है।[28]

6. समाज में विषमता का भयंकर विष फैल जाने से सब लोग जीवन में अभाव ही अभाव देखते थे। प्रेम, स्नेह, धन तक शरीर रक्षा की साधारण आवश्यकताओं के अभाव से जनता दया, सहानुभूति और प्रेम के उद्गम से अपरिचित होती चली जा रही थी, जिससे पारस्परिक व्यवहार टिकाऊ बनता है। अतः प्रसाद ने विषमता के इस विषैले एवं दूषित प्रभाव को दूर करने के लिए 'समरसता' के सिद्धान्त का प्रतिपादन किया और बताया कि "प्रकृति में विषमता तो स्पष्ट है। नियन्त्रण के द्वारा उसमें व्यावहारिक समता का विकास न होगा। भारतीय आत्मवाद की मानसिक समता ही उसे स्थायी बना सकेगी।"[29] उनका अभिप्राय है कि विषमता कष्टदायिनी है और समरसता सुख एवं कल्याण का मार्ग प्रशस्त करती है। यदि विषमता प्राणी को संकुचित और परतन्त्रता की बेड़ियों से जकड़ देती है तो समरसता उसे उदारता, महान और स्वतन्त्र बनाती है। वहाँ समरसता का सिद्धान्त एक सांस्कृतिक पक्ष है जहाँ मन मेरे तेरे की भावना में न रहकर आनन्द में लीन होकर सामरस्य को प्राप्त होता है। प्रसाद के इस सिद्धान्त के अनुसार आत्मा और परमात्मा का मिलन दम्पति-मिलन के सदृश्य है।[30] प्रसाद अ ने साहित्य में इच्छा, कर्म, और ज्ञान का सामरस्य, दुःख-सुख का सामरस्य, नर-नारी और अधिकारी-अधिकृत का सामरस्य तथा विश्व-पीड़ितों के प्रति समरसता का उपचार चाहते हैं। समरसता की अवस्था आत्मा और परमात्मा के भेद को समाप्त करती है। प्रसाद ने इच्छा, कर्म और ज्ञान की भिन्नता को बतलाते हुए, तीनों की एकता के अभाव में आनन्द की प्राप्ति असम्भव बतलाई है—

> **"ज्ञान दूर कुछ क्रिया भिन्न है**
> **इच्छा क्यों पूरी हो मन की,**
> **एक दूसरे से न मिल सके**
> **वह विडम्बना है जीवन की।"**[31]

अतः प्रसाद ने सरसता के समुन्नत विचार का प्रतिपादन करके मानवों में व्याप्त विषमता के गहन विष को ही दूर नहीं किया है, अपितु उनके हृदयों में एकता, समता, विश्वबन्धुत्व, मानवता प्रेम आदि के दिव्य आलोक को भी जाग्रत करने का प्रयास किया है।

7. आनन्द ही सृष्टि का विकास और अन्त होता है। आनन्द से ही प्राणीमात्र की उत्पत्ति होती है, उसी के द्वारा वह जीवित रहता है और प्रयाण के समय आनन्द में ही समाहित भी रहता है। 'आनन्द का अन्तरंग सरलता और बहिरंग सौन्दर्य है, इसी में वह स्वच्छ रहता है।'[32] प्रसाद ने देखा कि आज का मानव इसलिए दुःखी एवं असंतृप्त है कि वह साधन-हीन है, उसके पास धन का अभाव है, वह शक्ति-हीन है, उसमें अकर्मण्यता एवं शिथिलता आ गई है, वह अंधविश्वास एवं रूढ़िवादिता का पुजारी है। लेकिन प्रसाद के मत में आधुनिक मानव अपने लक्ष्य से भ्रष्ट होने के परिणामस्वरूप नाना प्रकार के संकटों एवं आपत्तियों का शिकार बना हुआ है।

प्रसाद ने सर्वप्रथम सन् 1914 ई. में 'प्रेम-पथिक' काव्य का निर्माण करते हुए आनन्द की उपलब्धि को जीवन का चरम लक्ष्य घोषित किया—

इस पथ का उद्देश्य नहीं है श्रांत भवन में टिक रहना।
किन्तु पहुँचना उस सीमा तक जिसके आगे राह नहीं;
अथवा उस आनन्द-भूमि में जिसकी सीमा कहीं नहीं।[33]

उन्होंने बताया कि संसार के सभी प्राणी उस आनन्द को प्राप्त करने के लिए सतत परिश्रम करते हैं, क्योंकि दुःख के भँवर में भी जीव के हृदय में आनन्द की उत्कट अभिलाषा देखी जाती है तथा रात्रि में अंधकार के अन्तर्गत दीपक का जलाना भी इसी वास्तविकता की ओर उसके झुकाव को बताता है।[34] प्रसाद ने जीवन का चरम लक्ष्य आनन्द इसलिए माना है कि जीवन के मूल में जो शक्ति काम में आती है, वह आनन्द है।[35] इतना ही नहीं, प्रसाद ने यह भी स्वीकार किया है कि जिस प्रकार वासनात्मकतया स्थिति रति आदि वृत्तियाँ ही साधारणीकरण द्वारा भेद-विगलित हो जाने पर आनन्द स्वरूप हो जाती हैं और उनका आस्वाद ब्रह्मास्वाद के तुल्य हो जाता है, उसी तरह जीवन की चित्तवृत्तियाँ भी जैसे ही आत्मानंद में तल्लीन हो जाती हैं वैसे ही वह समाधि-सुख को अथवा मोक्ष को प्राप्त कर लेता है और अखंड आत्मानंद स्वरूप हो जाता है।[36]

प्रसाद ने ब्रह्म का विराट् रूप है जगत, ऐसा माना है। उन्होंने आनन्द को साध्य मानकर ही अपने महाकाव्य 'कामायनी' की रचना की है और उसमें श्रद्धा या हृदय को विश्वास समन्वित रागात्मक वृत्ति को 'आनन्द' की ओर ले जाने वाली तथा इड़ा अथवा व्यावसायत्मिका बुद्धि को दुःख की ओर उन्मुख करने वाली सिद्ध किया है। 'कामायनी' का आरम्भिक 'चिन्ता' सर्ग प्रसाद की उस चिन्ता का द्योतक

है कि कैसे जीव अपने लक्ष्य को प्राप्त करे, और कामायनी का अन्तिम सर्ग 'आनन्द' इस बात का द्योतक है कि प्रसाद सतत साधना द्वारा आनन्द के लक्ष्य तक पहुँच गए हैं।

'कामायनी' में मनु श्रद्धा के द्वारा आनन्द की प्राप्ति का प्रयत्न करता है। लेकिन मनु, इड़ा को अपनाकर आनन्द का ह्रास करता है। अन्त में मनु फिर श्रद्धा की सहायता से आनन्द प्राप्ति करता है। प्रसाद जी आनन्द की अवस्था का चित्र प्रस्तुत करते हुए लिखते हैं–

'समरस थे जड़ या चेतन
सुन्दर साकार बना था,
चेतनता एक विलासती
आनन्द अखंड घना था।[37]

इस प्रकार विश्वात्मा में जीवात्मा के मिलन की अवस्था ही आनन्दवाद है। प्रसाद का आनन्दवाद सर्ववाद के सिद्धान्त पर आधारित है जो वैदिक, अद्वैत सिद्धान्त भी कहा जा सकता है। प्रसाद ने शैवागत से ही इस सर्ववाद मूलक आनन्दवाद को ग्रहण किया है।[38]

निष्कर्ष यह है कि प्रसाद ने 'आनन्दवाद' के रूप में हमें एक ऐसी दार्शनिक विचारधारा प्रदान की है, जो उपनिषदों के ब्रह्मवाद, वेदान्त के अद्वैतवाद एवं शैव दर्शन के ईश्वराद्वयवाद से प्रभावित होकर भी स्वतन्त्र एवं मौलिक विचारों से ओत-प्रोत है, भारतीय दर्शन की प्राचीन परम्परा में पल्लवित एवं विकसित होकर भी नवीन है, युगानुकूल है तथा व्यावहारिक है और दर्शन के गहन बौद्धिक चिन्तन से परिपूर्ण होकर भी अत्यन्त मधुर, सरस, एवं सहज ग्राह्य है। प्रसाद का यह 'आनन्दवाद' जीवन-दर्शन की सुगम एवं सुबोध साहित्यिक अभिव्यक्ति है। प्रसाद ने अपने इस जीवन-दर्शन द्वारा जीवन एवं जगत की सत्यता, सुन्दरता एवं शिवता घोषित करते हुए सर्वत्र एक चेतनता को विलास प्रेरक करती हुई देखने की दृष्टि प्रदान की है।

मानव जीवन की विशद व्याख्या के उद्देश्य से भावमूलक कवित्व का मानवाश्रित उपयोग व ललित विन्यास ही प्रसाद की साहित्य-कला की मूल प्रेरणा है। एक नवीन एवं मौलिक जीवन दृष्टि से प्रेरित व प्रभावित होकर प्रसाद जी ने अपनी रचनाओं में जीवन-व्याख्या की प्रेरक विचारधारा का समावेश किया है। इस नवीन जीवन दृष्टि के प्रमुख विधायक तत्व हैं रूढ़ परम्परा का त्याग, नवीन जीवन-दर्शन का ग्रहण, सौन्दर्य चेतना के प्रति एक अभिनव आकर्षण, कुतूहल, प्रेम की मानवीय संवेदना, अतीत के प्रति एक रहस्यात्मक मोह, प्रकृति तथा मानव की भावुकतापूर्ण तादात्म्य, उच्चादर्शों के प्रति उत्कट अनुराग और शैली शिल्प की स्वच्छन्दता आदि। इस जीवन-दृष्टि को प्रस्तुत करने के लिए विभिन्न क्षेत्र में आविर्भूत आनन्दवाद, रसवाद,

जीवनवाद, भाववाद, प्रकृतिवाद, भोगवाद आदि विचारधारा हैं और समसामयिक सामाजिक, राजनीतिक परिस्थितियाँ भी सहायक बनी हैं। निस्सन्देह प्रसाद ने अपने साहित्य में दुःख-दग्ध जगत और आनन्दपूर्ण स्वर्ग का एकीकरण करके 'आनन्दवाद' के रूप में विश्व को सर्वमंगलकारी दार्शनिक चिन्तन प्रदान किया है।

सन्दर्भ

1. डॉ. नगेन्द्र–प्रसाद जी की कविता–संपादक डॉ. गुलाबराय, प्रसाद जी की कला का उपसंहार।
2. श्री रामनाथ सुमन–कवि प्रसाद की काव्य-साधना, पृ. 356
3. प्रसाद–आँधी (संकलन), पृ. 6
4. प्रसाद–मधुआ (कहानी) आँधी संग्रह, पृ. 43
5. डॉ. गुलाबराय–प्रसाद की कला–प्रसाद जी की कविता (लेख) उपसंहार।
6. जयशंकर प्रसाद–स्कन्दगुप्त (प्रथमांक), पृ. 43
7. जयशंकर प्रसाद काव्य और कला, पृ. 35-36
8. जयशंकर–प्रसाद जनमेजय का नागयज्ञ (प्रथम दृश्य-प्रथमांक), पृ. 5-6
9. जयशंकर–प्रसाद-जनमेजय का नागयज्ञ (प्रथम दृश्य-प्रथमांक)–पृ. 5-6
10. ''आनन्दो ब्रह्मेति व्यजानात।
आनन्दाद्वैयेव स्वल्विमनि भूतानि जायंते।
आनन्देन जालानि जोवर्ति।
आनन्द प्रयान्त्याभि संविशंतोवि।''
–तैतिरियोपनिषद्, भृ. गुवल्ली 3/6।
11. श्री सुमित्रानन्दन पन्त–छायावाद-पुनर्मूल्यांकन
12. जयशंकर प्रसाद–कामायनी, पृ. 294, 288
13. जयशंकर प्रसाद–कामायनी, पृ. 294, 288
14. जयशंकर प्रसाद–चन्द्रगुप्त, पृ. 103
15. जयशंकर प्रसाद–जनमेजय का नागयज्ञ, पृ. 189
16. जयशंकर प्रसाद–जनमेजय का नागयज्ञ, पृ. 73
17. जयशंकर प्रसाद–अजातशत्रु, पृ. 38
18. जयशंकर प्रसाद–आधुनिक साहित्य, पृ. 65
19. जयशंकर प्रसाद–कामायनी, पृ. 18-19
20. जयशंकर प्रसाद–अजातशत्रु, पृ. 28
21. जयशंकर प्रसाद–इरावती, पृ. 21
22. जयशंकर प्रसाद–इरावती, पृ. 21
23. गीता–2/20-24
24. जयशंकर प्रसाद–जनमेजय का नागयज्ञ–पृ. 48
25. जयशंकर प्रसाद–तितली, पृ. 94
26. जयशंकर प्रसाद–कामायनी, पृ. 166
27. जयशंकर प्रसाद–कामायनी, पृ. 3
28. द्वारिका प्रसाद सक्सेना–प्रसाद दर्शन, पृ. 271

29. जयशंकर प्रसाद—तितली, पृ. 130
30. पं. बलदेव उपाध्याय—भारतीय दर्शन—पृ. 597
31. जयशंकर प्रसाद—कामायनी (रहस्य सर्ग), पृ. 280
32. जयशंकर प्रसाद—एक घूँट, पृ. 14
33. जयशंकर प्रसाद—प्रेम-पथिक, पृ. 16-17
34. जयशंकर प्रसाद—जयमेजय का नागयज्ञ, पृ. 12
35. जयशंकर प्रसाद—एक घूँट, पृ. 17
36. जयशंकर प्रसाद—काव्य और कला तथा अन्य निबन्ध, पृ. 76-77
37. जयशंकर प्रसाद—कामायनी, पृ. 288
38. आचार्य नन्ददुलारे वाजपेयी—जयशंकर प्रसाद, पृ. 106

अध्याय-2

समाज और संस्कृति

साहित्य और समाज का घनिष्ठ सम्बन्ध है। दोनों एक-दूसरे से प्रभावित एवं विकसित होते हैं। समाज से अलग होकर साहित्य का कोई अस्तित्व ही नहीं है। साहित्यकार अपने समय और समाज का प्रतिनिधि होता है। वास्तव में वह उस बेतार के तार के ग्राहक यन्त्र के समान है जो आकाश में विचरती हुई विद्युत तरंगों को पकड़कर लेता है और उनको भाषित शब्दों का आकार दे देता है। अपने समय के वायुमंडल में घूमते हुए विचारों को पकड़कर साहित्यकार उसे एक नया रूप प्रदान करता है और अपनी कृतियों में स्पष्ट भी कर देता है। साहित्यकार की पुकार समाज की पुकार है। पंडित रामचन्द्र शुक्ल जी ने अपने 'हिन्दी साहित्य का इतिहास' के आरम्भ में लिखा है—"जबकि प्रत्येक देश का साहित्य वहाँ की जनता की चित्तवृत्ति का संचित प्रतिबिम्ब होता है तब यह निश्चित है कि जनता की चित्तवृत्ति के परिवर्तन के साथ-साथ साहित्य के स्वरूप में भी परिवर्तन चला जाता है।"[1] आदिकाल से हमारा साहित्य अपने समाज की चित्तवृत्तियों की छाप लिए हुए है।

साहित्यकार परिस्थिति के अनुरूप युग-जीवन और समाज का चित्रण अपनी कृतियों में करता है। समाज के माध्यम से ही व्यक्ति का जीवन मूल्यांकन, प्रमाणिक एवं आकर्षक बन जाता है। इसलिए एक सुखी और स्वतन्त्र मानव-समाज का मोहक एवं रंगीन चित्र ही उसके मन में बसा रहता है। वह उच्चकोटि की स्वच्छन्दता और रूमानियत का परिचय देते हुए भी सामाजिक व नागरिक होने के नाते, कृतज्ञ भाव से, समाज के प्रति उत्तरदायी रहकर अपनी सुदीर्घ साहित्य-साधना करता है तथा समाज और उसकी बहिर्मुखी समस्याओं पर विचार करके उसे समुन्नत एवं ऊर्ध्वमुखी बनाने का हार्दिक प्रयत्न भी करता है।

सामाजिक व्यवस्था

साहित्यकार अपनी कृतियों में इतिहास के साथ सामाजिक परिवेश भी प्रस्तुत करता है, जिसमें प्राचीन समाज को पाठक के सामने उतारने का सफल प्रयत्न मिलता है। ऐतिहासिक पटों पर आधुनिक चित्र प्रस्तुत करने की प्रतिभा उसमें अवश्य रहती है

जो उसकी प्रमुख विशेषता है। समय के साथ-साथ सामाजिक व्यवस्था भी बदलती चली आ रही है।

व्यक्ति और समाज

भारतीय साहित्य, समाज के प्रति आरम्भ से ही अपने आपको उत्तरदायी समझता आया है। समाज वस्तुतः व्यक्तियों का ही समूह है। इसलिए व्यक्ति और समाज इन दोनों में, व्यक्ति को ही बड़ी वस्तु मान सकते हैं। समाज, उसकी विभिन्न संस्थाएँ और बाह्य व्यवस्था के लिए आविष्कृत विभिन्न शासन प्रणालियाँ अन्ततः व्यक्ति की ही सुख-सुविधा और आत्मा के स्वातंत्र्य व आनन्द की अनुभूति के लिए साधन मात्र ही तो है। यदि समाज मानव की आत्मानुभूति में सहायक न हो तो उसकी उन्नति का कोई अर्थ नहीं। यह अनुभूति यदि अपनी पूर्ण समृद्धि के साथ होती है तो निश्चय ही वह समाज के बीच ही रहेगी। प्रत्येक साहित्य में युग और समाज के माध्यम से ही वर्तमान को सन्देश दिया जाता है और वही नवीन सामाजिक जागरूक चेतना का साक्षी भी है। इस प्रकार वर्णित सामाजिक व्यवस्था के अध्ययन के लिए उसे वर्ण-व्यवस्था तथा कर्म, आश्रम-व्यवस्था तथा जीवन निर्वाह, पुरुष-नारी भेद, विवाह, वैधव्य, पुनर्विवाह, सती-प्रथा, दाम्पत्य जीवन, आजीविका के साधन जैसे अनशन, वसन, आवास, कला आदि शीर्षों में विभक्त कर सकते हैं।

1. वर्ण-भेद को सामाजिक जीवन का क्रियात्मक विभाग मानते हुए साहित्यकार उसे चार प्रकारों से चित्रित करता है—ब्राह्मण, क्षत्रिय, वैश्य तथा शूद्र। ब्राह्मण का कार्य मनन करना, क्षत्रिय का रक्षा करना, वैश्य का कार्य पोषण हेतु धनोपार्जन तथा शूद्र का अन्य तीनों वर्णों की सेवा करना है।

2. वर्णों के विभाजन के अनुसार ही मनुष्य के जीवन को भी आयु की दृष्टि से चार भागों में ब्रह्मचर्य, गृहस्थ, वानप्रस्थ, और संन्यास में विभाजित करना है। प्राचीन काल से भारतीय समाज में यही व्यवस्था चली आ रही है। गौतम, आपस्तम्ब, वसिष्ठ आदि व्यवस्थाकारों ने इस व्यवस्था का उल्लेख सूत्र-साहित्य में किया है।

ब्रह्मचर्याश्रम आर्य-जीवन का प्रथम आश्रम है। इसमें विद्यार्थी का मुख्य कर्तव्य विद्याभ्यास और धर्म का अनुशीलन करना होता था। अपने इस कर्तव्य की पूर्ति के लिए विद्यार्थी गुरुकुल में आया करते थे। गुरुकुल का प्रधान कुलपति या आचार्य कहलाता था। वहाँ आचार्य की आज्ञा सबको मान्य होती थी। गुरुकुल में अर्थशास्त्र, राजनीति, युद्धनीति, धर्मशास्त्र, दंडनीति, व्याकरण आदि विषयों का अध्ययन कराया जाता था। गुरुकुल में विद्याभ्यास किए हुए विद्यार्थी को स्नातक की उपाधि मिलती थी। गुरुदक्षिणा की प्रणाली भी कायम थी। गृहस्थ जीवन में प्रविष्ट होते ही गृहस्थी को वानप्रस्थियों, संन्यासियों, अनाथों, पशु-पक्षियों और निम्न जातियों की सेवा करना

तथा स्वयं का पालन-पोषण करना ही प्रमुख उद्देश्य रहता है। गृहस्थ जीवन को सुखी बनाने के लिए आपस में स्नेह होना आवश्यक है। परिवार में अशान्ति तथा गृह-कलह न होने पर ही एक-दूसरे में इन शब्दों से स्नेह हो सकता है। गृहस्थ की अवधि को पूर्ण कर मनुष्य वानप्रस्थाश्रम में प्रविष्ट होता है। पचास वर्ष की अवस्था के उपरान्त गृहस्थ के विलाप को त्याग कर सुख-दुःख से उठने के लिए इस आश्रम को ग्रहण करता है। इसमें पति-पत्नी दोनों एक साथ वैराग्य धारण करते हैं। मनुष्य वानप्रस्थाश्रम के उपरान्त संन्यासाश्रम में प्रविष्ट होता है। संन्यासी का कार्य आत्मज्ञान को बढ़ाना है। इस अवस्था में अपने गृहस्थ का मोह छोड़कर वह सम्पूर्ण जगत को ही अपना गृह मानता है। उसका मुख्य कार्य उपदेश देना होता है। इस प्रकार आश्रम-व्यवस्था तथा जीवन-निर्वाह भी समाज का एक स्पष्ट चित्र है जिसको साहित्यकार समाज के चित्रण में अपनाता है।

3. पुरुष का सम्बन्ध परिवार के बाह्य जीवन से तथा नारी का सम्बन्ध परिवार के आन्तरिक जीवन से होता है। इस प्रकार परिवार के सुख और सुविधा के लिए, परिवार के दो पहलु पुरुष और नारी का संयोग आवश्यक है। पारिवारिक जीवन ही समाज का एक प्रमुख अंग है जिसमें मनुष्य अपने जीवन की सरलता और सादगी की बनाए रख सकता है। वह कठोर परिश्रम करके जीवन-संग्राम में प्रकृति पर यथाशक्ति अधिकार करके भी एक शासन चाहता है, जो उसके जीवन का परम ध्येय है, उसका एक शीतल विश्राम है। और वह, स्नेह, सेवा करुणा की मूर्ति तथा सांत्वना के अभय-वरद हस्त का आश्रय, मानव-समाज की सारी वृत्तियों की कुंजी, विश्वशासन की एकमात्र अधिकारिणी प्रकृति-स्वरूपा स्त्रियों के सदाचारपूर्ण स्नेह का शासन है। दूसरी ओर स्त्रियों का प्रमुख कर्तव्य अपने कुल की सेवा-शुश्रूषा करना है। परिवार को सुचारु रूप से संचालित करने के लिए पुरुष और स्त्री दोनों ही प्रयत्नशील रहते हैं।

4. परिवार में दाम्पत्य जीवन का निर्वाह आवश्यक है। स्त्री-पुरुष एक-दूसरे के प्रति आकर्षित होने पर ही प्रजा सृजन कर सकते हैं। सर्वप्रथम ब्रह्म अकेला था, उसकी इच्छा हुई, 'मैं अकेला हूँ, बहुत-से उत्पन्न करूँ।' इसी से सृष्टि का विकास हुआ। सृष्टि के विकास का प्रथम चरण स्त्री-पुरुष का सहवास रहा जिसका विकसित एवं मान्य रूप विवाह है। विवाह स्त्री-पुरुष के सामाजिक नियम का एक समझौता मात्र है जिसका सम्बन्ध सुख-दुःख से अलग न होकर जन्म-जन्मांतर तक स्थायी रहता है। यह भारतीय संस्कृति में गृहस्थ का धार्मिक कर्तव्य है।

5. प्राचीन भारतीय संस्कृति को देखने से विदित होता है कि समाज में नारी के पुनर्विवाह की प्रथा प्रचलित थी। ऋग्वेद, रामचरितमानस, ब्रह्मपुराण' आदि में इस प्रकार की छाप रहती है। सती-प्रथा भी समाज में प्रचलित एंक दूषित व्यवस्था थी। समाज की इन बुरी व्यवस्थाओं को कृतियों के माध्यम से साहित्यकार बाहर प्रस्तुत

कर देते हैं। सती होना स्त्रियों का परम कर्तव्य मानते हुए उसका पालन करना साहित्यकार भी आवश्यक बतलाते हैं।

6. भारतीय संस्कृति में स्त्री और पुरुष का स्थान उच्च है। इसलिए स्त्री को पुरुष की अर्धांगिनी बतलाया है।[2] स्त्री करुणा और त्याग की मूर्ति होते हुए भी समाज में पुरुष के समक्ष उसका एक महत्वपूर्ण स्थान रहता है। पतिपरायणता अपना सबसे बड़ा गुण मानते हुए भी दाम्पत्य प्रेम नारी के अनुकूल है जो अपने पति के लिए आत्मोत्सर्ग करने में अपना परम सौभाग्य समझती है।

7. नारी-आदर्श अत्यन्त श्रेष्ठ है। विचार या चिन्तन के क्षेत्र में साहित्यकार मानव-समाज के उत्तमांश नारी पर अत्यन्त सहानुभूतिपूर्वक विस्तृत एवं गहन विचार करता है। नारी के सभी कल्पित रूपों का वर्णन कर वह नारी के आदर्श एवं यथार्थ दोनों रूपों को अपनी परिपूर्णता में प्रस्तुत कर देता है। नारी का मूल या आदर्श स्वरूप, उसका सृष्टि-विधान में जीवन और समाज में महत्व व स्थान, नारी स्वातन्त्र्य, उसकी आर्थिक दशा, प्रेम और विवाह, गुण और अवगुण के साथ-साथ जीवन की विडम्बना व नारी की वर्तमान दुरवस्था, पुरुष का अत्याचार, हिन्दू विधवा और उसका जीवन आदि सभी रूपों में नारी का प्रस्तुतीकरण साहित्य में हो जाता है जो समाज की सच्ची प्रतीक है। नारी मानव की जननी, धात्री, प्रथम अध्यापिका और समाज का आधार-स्तम्भ है, वहीं घर की शोभा है, राष्ट्र की शक्ति है, धर्म-ध्वजा व मंगलमयी साकार ज्योति है।

8. आजीविका के साधन जैसे अशन, वसन, आवास, कला आदि को भी समाज के संगठन में प्रमुख स्थान है। वास्तु, संगीत, नृत्य, चित्र और काव्य कला के माध्यम से साहित्य में समाज के संस्कृति-पक्ष का निर्वाह होता है। नृत्य-कला की प्राचीन पीठिका को देखने से प्रतीत होता है कि इस कला को मनोरंजन का एक साधन माना जाता था। वास्तु-कला में शिल्प की ध्वंसता का एकमात्र कारण धर्मजन्य प्रतिहिंसा बतलाते हैं। 'रामायण' में कहा गया है कि नृत्य और गीत रात-दिन हुआ करते थे। वानर-राज बालि के अन्तःपुर में रानियों के मनोरंजन हेतु इस कला का प्रदर्शन किया जाता है।[3] सांस्कृतिक विकास में इन कलाओं का विकास महत्वपूर्ण रहा है।

निष्कर्ष रूप में कहें तो साहित्य में समाज का ही प्रतिबिम्ब रहता है। सामाजिक प्राणी होने के नाते साहित्यकार समाज से अलग नहीं रह सकता। इसलिए वह समाज में प्रचलित विभिन्न संस्कारों, जनता के आचार-विचारों, रीति-रिवाज़ों एवं मान-मर्यादाओं का सम्पूर्ण चित्र प्रदर्शित करता है। उसके सामने एक आदर्श समाज ही सदा मौजूद रहता है, यद्यपि वह समाज की दूषित अवस्था का भी चित्रण करे। वास्तव में साहित्य समाज का दर्पण ही है।

साहित्य में संस्कृति

संस्कृति मानव के श्रेष्ठतम संस्कारों और उसकी समस्त अभिव्यक्तियों का पूँजीभूत रूप है। साहित्य को सार्थकता प्रदान करने के लिए उसमें संस्कृति के प्राण डालने पड़ते हैं। सांस्कृतिक चिन्ता में साहित्यकार ज्ञान और सौन्दर्य-बोध को केन्द्र में रखकर विचार करता है, क्योंकि ये ही संस्कृति के मौलिक मूल्य हैं। ये मूल्य विश्व-व्यापी हैं, इन्हें प्रत्येक देश या जाति इन्हें अपने-अपने जातीय संस्कार, रुचि, भौगोलिक परिस्थिति के अनुसार ही ग्रहण करती है।

संस्कृति शब्द का तात्पर्य

संस्कृति शब्द सम् उपसर्ग के साथ संस्कृति की (डु) (कृ) धातु से बनता है। इसका शाब्दिक अर्थ साफ़ या परिष्कृत करना है।[4] संस्कृति का अर्थ हिन्दू संस्कृति विशेषांक में–परम्परागत अनुस्यूत संस्कार बतलाया गया है।[5] 'नालन्दा विशाल शब्द सागर' में बतलाया गया है कि जातीय राष्ट्र की वे सब बातें, जो उसके (मनुष्य) मन, रुचि, आचार-विचार, कला-कौशल एवं सभ्यता के क्षेत्र में बौद्धिक विकास की सूचक रहती है, संस्कृति के अन्तर्गत आती हैं।[6] बृहत् हिन्दी कोश में शुद्धि, सुधार, परिष्कार, निर्माण तथा पवित्रीकरण को संस्कृति कहा गया है।[7]

'संस्कृति' शब्द अंग्रेज़ी के 'कलचर' का पर्याय है। 'कलचर' शब्द 'कल्टीवेशन' का समानार्थ है।[8] कल्टीवेशन का अर्थ कृषि कर्म के साथ 'उन्नति'[9] और संवर्धन से भी है।[10]

संस्कृति की परिभाषा

'संस्कृति' की परिभाषा को लेकर विद्वानों में मतभेद है। फिर भी इनकी विचारधारा संस्कृति के कुछ पहलुओं को अवश्य बाँध सकी है। डॉ. राधाकृष्णन के अनुसार, 'संस्कृति' विवेक बुद्धि का, जीवन को भले प्रकार जान लेने का नाम है।[11] डॉ. मंगलदेव शास्त्री का कथन है कि सामाजिक सम्बन्धों में मानवता की दृष्टि से प्रेरणा प्रदान करने वाले उन आदर्शों की समष्टि को ही 'संस्कृति' समझना चाहिए।[12] डॉ. हज़ारी प्रसाद द्विवेदी, 'संस्कृति' को, मानव की विविध साधनाओं की परिणति में निहित मानते हैं।[13] रामधारी सिंह दिनकर संस्कृति को जीवन का तरीका मानते हैं और उन्हीं के शब्दों में 'यह तरीका जमा होकर उस समाज में छाया रहता है, जिसमें हम जन्म लेते हैं।'[14] डॉ. संपूर्णानन्द के मतानुसार 'संस्कृति' वर्तमान अनुभूतियों एवं पुरातन अनुभूतियों के संस्कारों से निर्मित किसी समुदाय के दृष्टिकोण में निहित है।[15] डॉ. सरनाम सिंह शर्मा के अनुसार 'सामाजिक चेतना की समग्रता का सर्वोत्तम निर्वाह ही, जिसमें वैयक्तिकता विकार मुक्त होकर भावनाओं का श्रेष्ठतम आकलन करती

है, 'संस्कृति' है।[16] डॉ. सत्यकेतु विद्यालंकार चिन्तन के द्वारा जीवन को कल्याणमय बनाने के प्रयत्नों के परिणाम को 'संस्कृति' मानते हैं।[17] गुलाबराय जी संस्कृति को जातिगत संस्कारों में निहित मानते हैं।[18] मैथ्यू आर्नल्ड संसार में सर्वोत्तम बातों से परिचित होने को 'संस्कृति' कहते हैं।[19] टी.एस. इलियट ने संस्कृति को व्यक्तिगत, वर्गगत, तथा समाजगत रूप में समझने का प्रयत्न किया है।[20]

संस्कृति के सम्बन्ध में टायलर, मैकाइवर तथा पेज जैसे समाज-शास्त्रियों की विचारधारा भी विचारणीय है। टायलर संस्कृति को जटिल समष्टि मानते हुए उसके अन्तर्गत ज्ञान, विश्वास, कला, आचार, कानून, प्रथा तथा अन्य क्षमताओं को सम्मिलित बतलाते हैं जिन्हें मनुष्य समाज का सदस्य होने के नाते प्राप्त करता है।[21] मैकाइवर और पेज के अनुसार 'संस्कृति' हमारे दैनिक व्यवहार में, कला में, साहित्य में, धर्म में मनोरंजन तथा आनन्द में पाए जाने वाले रहन-सहन और विचार के तरीकों में हमारी प्रवृत्ति की अभिव्यक्ति है।[22]

संस्कृति की उक्त परिभाषाओं में कुछ विद्वानों ने उसके उद्देश्यों का विवेचन किया है तो और किसी ने उसकी प्रवृत्ति की ओर संकेत किया है। निष्कर्ष रूप में हम यह कह सकते हैं कि संस्कृति सामुहिक है, न कि व्यक्तिगत, जिसका विकास संस्कारों से होता है।

संस्कृति का स्वरूप

किसी देश या जाति के क्रमिक विकास द्वारा परिपाक को पहुँचे हुए रीति-रिवाज़ तथा आचार विचार के समन्वय को 'संस्कृति' कहते हैं। इसलिए किसी जाति की संस्कृति में उस जाति के विशिष्ट गुणों एवं आदर्शों, आशाओं तथा आकांक्षाओं की अभिव्यक्ति होती है। यही संस्कृति किसी देश या जाति की स्वतन्त्र सत्ता स्थिर रखती है और वहाँ के निवासियों को एकता के सूत्र में बाँधकर गौरव एवं गरिमा प्रदान करती है। समाज और संस्कृति के पारस्परिक सम्बन्ध अपने में श्रेष्ठ हैं। यह तो हो सकता है कि संस्कृति किसी व्यक्ति विशेष से अपना सम्बन्ध न रखे, किन्तु यह नितान्त आवश्यक है कि वह किसी जाति या समाज से अपना सम्बन्ध विच्छिन्न कर ले संस्कृति का विकास सामूहिक प्रयत्नों के परिणामस्वरूप होता है।

संस्कृति पर भौगोलिक वातावरण का प्रभाव भी रहता है। इसलिए दो देशों की संस्कृति में भिन्नता पाई जाती है, परन्तु इस भिन्नता के साथ संस्कृति के कुछ उपकरण ऐसे हैं जो शाश्वत और व्यापक होते है। प्रारम्भ में सांस्कृतिक उपादानों का स्वरूप स्थूल या अनगढ़ रहा होगा। परन्तु कालान्तर में उसका विकास होता गया।

उचित-अनुचित, भले-बुरे, वांछनीय-अवांछनीय बातों को पहचानने, उनके सम्बन्ध में सोचने और परिणाम के सम्बन्ध में निर्णय करने की क्षमता रखने वाला सामूहिक

जानवर है मानव। वही संस्कृति का उद्भावक है। विशिष्ट भौगोलिक या ऐतिहासिक परिवेशों में प्रत्येक जाति के जीवन का अपना निजी स्वरूप होता है, अतः प्रत्येक जाति की संस्कृति और उसके मूल्य भिन्न हो सकते हैं। केवल मानव होने के नाते आदमी का संस्कृत होने की आवश्यकता नहीं। वह संस्कृत तभी रहता है जब उसमें मानवीयता निहित रहती है। मानव का मनोभाव जब तक परिवर्तित रहता है तब तक संस्कृति भी परिवर्तित होती रहेगी। साहचर्य को अपने विचार के अनुसार परिवर्तित करने में मानव की सफलता निहित है। मार्क्स के अनुसार 'मनुष्य परिवेश की उपज है'।

संस्कृति के विकास में आदान-प्रदान का स्वभाव निहित रहता है। पारस्परिक सम्पर्क से ही संस्कृति का विकास होता है। संस्कृति की शाश्वत दीर्घता, पारस्परिक सम्पर्कों पर निर्भर रहती है। भारतीय संस्कृति इसका प्रमाण है। मुसलमानों का प्रभुत्व भारत में स्थापित होने का मुख्य कारण हिन्दुओं की दूषित युद्ध-प्रणाली और अस्त्र-शस्त्रों की उनकी अनभिज्ञा थी। भारतीयों ने युग प्रगति के साथ सम्पर्क स्थापित नहीं किया, इसी के परिणामस्वरूप विदेशी अपने नए युद्ध-सम्बन्धी आविष्कारों के साथ विजय प्राप्त कर सके। डॉ. हज़ारी प्रसाद द्विवेदी जी इस तथ्य को स्पष्ट करते हुए कहते हैं—"हमें किसी सिद्धान्त का त्याग इसलिए नहीं करना चाहिए कि वह भारतीय है। हमें विदेशी सिद्धान्त भी गुणों की कसौटी पर कसना चाहिए।"[23] आचार्य नंददुलारे वाजपेयी ने भी रचनात्मक चेष्टाओं को महत्व देते हुए संस्कृति का स्वरूप व्यक्त किया है।[24] विद्वानों ने संस्कृति के स्वरूप का यथार्थ उद्घाटन करने की चेष्टा में उसका सभ्यता से अन्तर भी निर्दिष्ट किया है, पर इस अन्तर के प्रति उनमें आज तक मतैक्य नहीं।[25]

संस्कृति यद्यपि बनी-बनाई चीज़ है, लकीर का फ़कीर होकर और उसका पालन करना अनुचित है। प्रत्येक देश के साहित्य में वहाँ की संस्कृति की झलक दिखाई पड़ती है। लोगों के भाषा-भाव, रहन-सहन, आचार-विचार, रीति-रिवाज़ इत्यादि पर ध्यान दिए बिना साहित्य-रचना असम्भव है। यानी सांस्कृतिक पशुओं की उपेक्षा करने से साहित्य का कुछ भी मूल्य नहीं रहता है।

संस्कृति का क्षेत्र

संस्कृति का क्षेत्र अत्यन्त व्यापक है। इसका सम्बन्ध मनुष्य के सामाजिक, राजनीतिक, दार्शनिक, धार्मिक, साहित्यिक एवं कला आदि जीवन के विभिन्न पहलुओं से रहा है। सामाजिक व्यवस्था के विकास के साथ-साथ संस्कृति के अन्य क्षेत्रों में भी विकास हुआ है। ये भी सभी संस्कृति के अंग संस्कार-जन्य हैं जिन्हें संस्कृति के क्षेत्र के अन्तर्गत समाविष्ट किया जा सकता है। संस्कृति के स्थायित्व पर डॉ. सरनाम सिंह

शर्मा का यह कथन ठीक ही है--'सभ्यताओं का विकास और विनाश हो सकता है, धर्मों का उत्थान और पतन हो सकता है, पर संस्कृति का मौलिक रूप चिन्तन और चिरस्थायी है।'[26] संस्कृति के इन पहलुओं के विकास में देश की सभ्यता का प्रतिबिम्ब दृष्टिगोचर होता है।

संस्कृति और सभ्यता

सभ्यता और संस्कृति में ज़मीन-आसमान का फर्क है। संस्कृति विश्व-चेतना के मानस में अन्तर्निहित है, जबकि सभ्यता का अस्तित्व प्रकृति के बाह्य उपादानों पर निर्भर है। एक तो बनी-बनाई चीज़ है तो दूसरा स्वतःचालित। अपने लक्ष्य को अधिक पूर्णता, सुविधा और सरलता से प्राप्त करने के हेतु वह प्रकृति के कोपों से लड़ता हुआ अपने चारों और फैले साधनों से अपनी आवश्यकताओं की पूर्ति के लिए भौतिक जगत में जो कुछ वह रचना चाहता है उसी का नाम है—सभ्यता। डा. हज़ारी प्रसाद द्विवेदी जी के अनुसार, 'सभ्यता समाज की बाह्य व्यवस्थाओं का नाम है, संस्कृति अन्तर के विकास का,[27] डॉ. सरनाम सिंह शर्मा के शब्दों में, 'संस्कृति' व्यापक है और सभ्यता संकोचशील, संस्कृति के मूल तत्व परिवर्तन से ऊपर हैं, पर सभ्यता परिवर्तनशील है।[28] इस प्रकार फर्क होते हुए भी संस्कृति का निर्माण सभ्यता के परिवेश में होता है।

'संस्कृति सभ्यता की अपेक्षा महान चीज़ होती है। यह सभ्यता के भीतर उसी तरह व्याप्त रहती है, जैसे दूध में मक्खन या फूलों में सुगन्ध।'—दिनकर का यह कथन ठीक ही निकलता है। सभ्यता सांस्कृतिक विकास के लिए बाह्य सुविधा प्रदान करती है। लेकिन सभ्यता के विकास के साथ सांस्कृतिक विकास असम्भव है। सामाजिक तथा आर्थिक वातावरण का प्रभाव सभ्यता पर पड़ता है। इसलिए इसे आसानी से अपनाया जा सकता है। प्रसाद-साहित्य के अनुसार भारतीय सभ्यता विकासशील व समुन्नत थी। उन्होंने मानव सभ्यता को विकास का एक पूरा चित्र 'कामना' में प्रस्तुत किया है।

मानव के भाव, विचार और व्यवहार, ये ही संस्कृति के मूल उपकरण हैं। इन्हीं के पारस्परिक योग से मानवीय युग की निर्मिति होती है। ये गुण हैं—प्रेम, सत्य, करुणा, दया, परोपकार, विश्वास, क्षमा, उदारता, बन्धु-भावना, मैत्री, सहिष्णुता, सदाचार, त्याग, आत्मसंयम इत्यादि। भारतीय संस्कृति इन सब गुणों का भंडार है। प्रसाद के अधिकांश पात्र इन्हीं गुणों से युक्त हैं।

संस्कृति की अभिव्यक्ति के तत्व

भारतीय दर्शन के अनुसार संस्कृति के पाँच अवयव हैं—धर्म, दर्शन, इतिहास, वर्ण तथा रीति-रिवाज़।[29] बाबू गुलाबराय संस्कृति का विस्तृत क्षेत्र मानते हुए उसके अन्तर्गत

साहित्य, संगीत, कला, धर्म, दर्शन, लोकवार्ता तथा राजनीति का समावेश करते हैं।[30] बहुमत के अनुसार संस्कृति की अभिव्यक्ति के तत्व हैं–इतिहास, समाज-संगठन, राजनीति, धर्म, दर्शन, शिक्षा और कला तथा साहित्य। प्रसाद की रचनाओं में इन प्रमुख तत्वों का समावेश है।

1. इतिहास संस्कृति का प्रमुख तत्व है। इतिहास के द्वारा भूतकाल की संस्कृति और समस्त घटनाओं की जानकारी मिल जाती है। इतिहास के मार्मिकों ने सम्पूर्ण मानव-जीवन व मानव-ज्ञान के व्यापक प्रसंग में इतिहास के स्थान और महत्व की जो व्याख्या की है उससे उसके सूक्ष्म एवं यथार्थ स्वरूप का मार्मिक उद्‌घाटन होता है। आधुनिक युग के मूर्धन्य इतिहासकार टायनबी की धारणा है–"...and that we cUn better understand our times though a study of the part".[31]

इस प्रकार हम कह सकते हैं कि इतिहास के अध्ययन के द्वारा ही अपने युग को अच्छी तरह समझ सकते है। इतिहास के अध्ययन को वैज्ञानिकता प्रदान करने वाले अर्वाचीन यूरोप के प्रथम महापंडित 'वाल्तेर' की धारणा है कि इतिहास में कोरे तथ्य ही सब कुछ नहीं हैं, इतिहास को मानव मस्तिष्क के विकास का और मानव सुख के लिए संचालित आन्दोलनों और शक्तियों-प्रेरणाओं का ही अध्ययन करना चाहिए।[32] सुप्रसिद्ध भारतीय इतिहासकार डॉ. ताराचन्द आत्मा और अध्यात्म की भूमिका पर ही इतिहास की मूलवर्तिनी व्याख्या करते हैं। वे लिखते हैं–''इतिहास का ज्ञान इन आध्यात्मिक प्रेरकों का ज्ञान है। इतिहास को जानना अपने को जानना है और इस जानने से बढ़कर किसी ज्ञान का मूल्य नहीं। इतिहास की खोज आत्मा की जिज्ञासा है।''[33] इतिहास भूतकाल की संस्कृति एवं समस्त घटनाओं का लेखा-जोखा करता है।

इतिहास सम्बन्धी धारणा हमें दो बातों से प्राप्त हो सकती है–i. प्रत्यक्ष कथन से और 2. साहित्य में इतिहास तत्व के समावेश के स्वरूप से। इतिहास के माध्यम से ही व्यक्ति और समाज उस पूर्णता के लिए जूझ रहे हैं जो मानव-जीवन का चरम लक्ष्य रहा है। आचार्य नन्ददुलारे वाजपेयी ने प्रसाद का इतिहास विषयक धारणा पर अपनी विस्तृत टिप्पणी की है। उनके अनुसार प्रसाद की दृष्टि उस रूप में प्रस्तुत की जा सकती है–'कोरा इतिहास मानव-जीवन का बहिर्विकास मात्र या अस्थि-पंजर मात्र है। प्रसाद ने इतिहास को जीवन से संयुक्त करके मांसल व प्राण युक्त कर दिया है। कोरी भौतिक घटनाएँ या कोरा पारमार्थिक दर्शन परिपूर्ण जीवन की दृष्टि से दोनों ही एकांगी हैं। मानव-जीवन ही मुख्य वस्तु है। दर्शन उसकी अन्तःप्रेरणा और इतिहास बाह्य विकास है। इतिहास सजीव व सम्पन्न तभी होता है जब उसमें मनोभाव, विचारधाराएँ, संस्थाएँ, उद्योग, रहन-सहन की पद्धतियाँ, उन्नति, अवनति के कारणों का विश्लेषण–सभी तत्व समाहित हों। इतना ही, इतिहास तभी सार्थक है जबकि वह दर्शन के साथ राष्ट्रीय संस्कृति का अविच्छिन्न अंग बन जाए। तात्पर्य यह है कि दर्शन, जीवन, इतिहास और राष्ट्रीयता सभी मिलकर सच्चे इतिहास की सृष्टि करते हैं।

2. समाज में संस्कृति का विकास होता है। सांस्कृतिक जीवन-निर्वाह के लिए समाज-संगठन आवश्यक है। मनुष्य उसका निर्वाह, अपने कुल, ग्राम तथा जनसमूह से सम्पर्क स्थापित करने पर ही कर सकता है। सामाजिक व्यवस्थाओं में संस्कृति का उद्गम है और एक आदर्श समाज ही सांस्कृतिक चेतना को विकसित करने में सहायक होता है। समाज मनुष्य का संगठन है। प्रसिद्ध समाजवादी चिन्तक और आलोचक डॉ. रामविलास शर्मा लिखते हैं—"समाज की दृढ़ता, गठन, व्यवस्था और सुचारुता पर ही संस्कृति का गौरव निर्भर है।"[34] सामाजिक प्राणी होने के कारण अन्य मनुष्यों का हित-चिन्तन करना, आपत्तिकाल में उनके कष्टों को सहन करते हुए उनको सहयोगी बनाना ही साहित्य में मानव-धर्म है।

3. सांस्कृतिक विकास के लिए राजनीति का महत्वपूर्ण स्थान है। इसके अन्तरंग, राजा-प्रजा के सम्बन्धों, प्रजा के अधिकार तथा कर्तव्यों, शासकों के अधिकारों, राज्य के तत्वों तथा उनके क्षेत्रों, विभिन्न प्रकार की शासन-प्रणालियों का उल्लेख होता है। सामन्तशाही प्रवृत्तियाँ, जागीरी और जमींदारी प्रथाएँ जब देश की शक्ति को निर्बल कर रही होती हैं, विदेश की प्रभुता से जब देश दुःखी बन जाता है, उनकी आँखें खुलवाने के लिए साहित्यकार रचना करता है।

4. धर्म भारतीय संस्कृति का प्राण है। उसमें नैतिकता और आस्तिकता का सच्चा स्वरूप दृष्टिगत होता है। श्री शिवदत्त ज्ञानी के अनुसार, "धर्म उन सिद्धान्तों, तत्वों तथा जीवन-प्रणाली को कह सकते हैं जिससे मानव-जाति परमात्मा प्रदत्त शक्तियों के विकास से अपना ऐहिक जीवन सुखी बना सके, साथ ही मृत्यु के पश्चात् जीवात्मा जब मरण के झंझटों में न पड़कर शान्ति व सुख को अनुभव कर सके।"[35] इसलिए धर्म और संस्कृति का आपसी सम्बन्ध है। दोनों का सम्बन्ध रागात्मक ही है। इसी आस्था के विविध रूप हैं—व्यक्ति धर्म, परिवार धर्म, समाज धर्म और लोक धर्म।

धर्म के आश्रय में प्राणी मात्र भौतिक सुख तथा अभौतिक कल्याण का मार्ग प्रशस्त करता हुआ सुख से जीवन यापन करता है। धर्म मानवीय स्वभाव पर शासन करता है, न कर सके तो मनुष्य और पशु में भेद क्या रह जाए? धर्म में संस्कार एवं सह-विचारों की प्रमुखता रहती है। सह-विचार के अभाव में मनुष्य का कोई अस्तित्व नहीं रहता और बिना धर्म के सद्विचार स्थिर नहीं रह सकते।

नीति

धर्म का सम्बन्ध यदि रागात्मक पक्ष पर प्रबल है तो नीति मानव को उचित मार्ग की ओर उन्मुख करने से सम्बन्धित है। नीति कई प्रकार की हैं—पारिवारिक, सामाजिक, आर्थिक, राजनीतिक आदि। प्रसाद नीति के क्षेत्र में मर्यादावादी हैं।

उचित व्यवहारों की संज्ञा नीति है। समाज में दो प्रकार के प्राणी उपलब्ध हैं सज्जन और दुर्जन। सज्जन पुरुष सदा यह चाहते हैं कि संसार के सभी व्यक्ति

सदाचारी, परोपकारी और सत्यभाषी हों, परन्तु दुर्जन दूसरों के हितों की उपेक्षा करते हुए स्वयं सिद्धि करना ही अपना ध्येय समझते हैं। मनुष्य ज्यों ही गृहस्थ में प्रवेश करता है त्योंही उसे कर्तव्य आ घेरते हैं; वह उससे जीवन-कामना करते हैं—दूर हों दुर्बलता के जाल, दीर्घ निश्वासों का अन्त। इन दुर्बलताओं और दीर्घ निश्वासों की समाप्ति में ये सारी नीतियाँ आवश्यक हैं।

शिक्षा और कला

शिक्षा संस्कृति के व्यावहारिक पक्ष से सम्बन्धित है। यह मानव के भावों और विचारों को परिष्कृत करती है। वास्तव में संस्कृति शिक्षा की उपज है। कला का महत्व संस्कृति के प्रत्येक पहलु में निहित है। यह जीवन के लिए उपयोगी और प्रभावशाली है। वास्तु कलाओं जैसे सुन्दर आश्रमों, कुटीरों, कूहों और राजभवनों के उल्लेख अधिकांश रचनाओं में यत्र-तत्र देखने को मिलते हैं। ललित कलाओं का उल्लेख भी पाया जाता है। संगीत, नृत्य, अभिनय आदि की चर्चा भी मौजूद है। सांस्कृतिक विकास में इन सब कलाओं का विकास महत्वपूर्ण है।

साहित्य

संस्कृति का सुन्दर, मनोरम इतिहास साहित्य में अंकित रहता है। डॉ. राजेन्द्र प्रसाद साहित्य को सांस्कृतिक उत्थान पतन की कसौटी मानते हुए कहते हैं—"साहित्य मानव-जाति के उच्च से उच्च और सुन्दर से सुन्दर विचारों तथा भावों का वह गुच्छा है, जिसकी बाहरी सुन्दरता और भीतरी सुगन्ध दोनों ही मन को मोह लेते हैं। कोई जाति तब तक बड़ी नहीं हो सकती, जब तक उसके भाव और विचार उन्नत न हों। जब भाव और विचार उन्नत होंगे, तब उनका विकास उस जाति के साहित्य के रूप में ही हो सकता है।"[36] साहित्य संस्कृति का वह अंग विशेष है जो लिखित या मुद्रित शब्द के माध्यम से हमारे सामने उपस्थित है। डेविड डाइचेज़ जैसे लेखक साहित्य को संस्कृति का एक खंड या अंश मात्र मानते हैं।[37]

दर्शन

दर्शन जीवन का आधार है। जीवन के प्रत्येक पहलु पर दर्शन का प्रभाव द्रष्टव्य है। यह दर्शन भारतीय संस्कृति का एक प्रमुख तत्व है। यह दर्शन दुःखवाद, करुणावाद, क्षणिकवाद आदि के अलावा बौद्ध पर भी आधारित रहता है। दर्शन संस्कृति का एक प्रमुख पक्ष है। जीव और जगत की नित्यता और सत्यता पर दृष्टि डालने के लिए दर्शन अनिवार्य है। अपने जीवित समाज को दर्शन से ओतप्रोत कर मानव अपना जीवन बिताता है। संस्कृति को बनाए रखने के लिए दर्शन की ज़रूरत है।

अन्त में केवल इतना कहना उचित होगा कि समाज के बिना साहित्य का

कोई अस्तित्व ही नहीं और साथ-साथ साहित्यकार भी समाज का एक अभिन्न अंग है। बिना समाज के संस्कृति का कोई अस्तित्व नहीं हैं। साहित्यकार समाज का एक चेतन प्राणी होने के नाते एक सुचारु संस्कृति से युक्त समाज का चित्रण करता है। इसलिए समाज से संस्कृति का भी एक अटूट सम्बन्ध रहता है। वास्तव में साहित्यकार समाज और संस्कृति से अलग नहीं रह सकता, क्योंकि वह साहित्य में समाज को ही चित्रित करता है।

सन्दर्भ

1. पं. रामचन्द्र शुक्ल–हिन्दी साहित्य का इतिहास, पृ. 3
2. शिवदत्त ज्ञानी–भारतीय संस्कृति, पृ. 137
3. शिवदत्त ज्ञानी–भारतीय संस्कृति, पृ. 302-303
4. हिन्दी साहित्य कोश, पृ. 801
5. कल्याण (हिन्दू-संस्कृति विशेषांक), पृ. 41
6. नालन्दा विशाल शब्द सागर, पृ. 1388
7. वृहत् हिन्दी कोश, पृ. 1390
8. Etymologically the term culture is equivalent to cultivation—Dr. P.K. Acharya Glories of India Introduction, 2nd Edition.
9. Dr. Raghuvira Comprehensive English-Hindi Dictionary, P. 447. Edition 1955.
10. स्टुडेन्ट्स इंगलिश-संस्कृत डिक्शनरी-वी.एस. आप्टे, पृ. 89 तृतीय संस्करण
11. स्वतन्त्रता और संस्कृति–अनु. विश्वंभरनाथ त्रिपाठी, पृ. 53, 1955
12. भारतीय संस्कृति का विकास-मंगलदेवशास्त्री-प्रथम, पृ. 53
13. डॉ. हज़ारी प्रसाद द्विवेदी–अशोक के फूल (निबन्ध संग्रह), पृ. 64
14. रामधारी सिंह दिनकर–संस्कृति के चार अध्याय-प्रथम, पृ. 653
15. हिन्दू संस्कृति अंक (कल्याण), पृ. 70
16. डॉ. सरनाम सिंह शर्मा–साहित्य सिद्धान्त और समीक्षा, पृ. 14
17. डॉ. सत्यकेतु विद्यालंकार–भारतीय संस्कृति और उसका इतिहास, पृ. 19
18. गुलाबराय–भारतीय संस्कृति की रूपरेखा, पृ. 9
19. "Culture Being a persuit of our total perfection means of getting to know, on all the matters, which most concern us, the best, which has been thought and said in the world and thought this knowledge turning a stream of fresh and free thought upon our stock motions and habits which we know fellow staunchly but mechanically"—Mathew Arnold-'Culture and Monarchy' (Preface)
20. "The term culture has different associations according to whether we have in mind of development of an indivdual of a group or class, or of a whole society"—T.S. Eliot—'Notes towards the definition of culture, page 21. 3rd Edition.
21. Culture is that complex while which includes knowlege belief, art, morals, law, custom and other capabilities acquired by man as a members of Society—E.B. Tylor—'Premitive—Culture'—Ed. 1889, p. 1

22. Culture is the expression of nature in our modes of living and of thinking in our every day intercourse in art, in literature, in religion, in recreation and enjoyment—Maciver & Page—'Society'—p. 449.
23. डॉ. हज़ारी प्रसाद द्विवेदी–विचार और वितर्क–संस्करण 1954–पृ. 122
24. नया साहित्य : नए प्रश्न, पृ. 260
25. युग चेतना (लखनऊ)–'विश्व संस्कृति अंक'–डॉ. देवराज का संपादकीय।
26. डॉ. सरनामसिंह शर्मा–साहित्य सिद्धान्त और समीक्षा, पृ. 21
27. डॉ. हज़ारी प्रसाद द्विवेदी–विचार और वितर्क, पृ. 123
28. डॉ. सरनामसिंह शर्मा–साहित्य सिद्धान्त और समीक्षा, पृ. 24
29. कल्याण (हिन्दू संस्कृति विशेषांक), पृ. 76
30. भारतीय संस्कृति की रूपरेखा–डॉ. गुलाबराय–आत्मनिवेदन, पृ. 1
31. Greek Historical Thought—Preface—Arnold Toynbee.
32. विल डूरन्ट–मान्यन्स ऑफ फिलॉसफी, पृ. 240
33. डॉ. ताराचन्द–अनुसन्धान को प्रक्रिया और प्रविधि, पृ. 164
34. डॉ. रामविलास शर्मा–प्रसाद अंक-भाग-2 जनभारती (कोलकाता), पृ. 66
35. शिवदत्त ज्ञानी–भारतीय संस्कृति-संस्करण सन् 1944–पृ. 202
36. डॉ. राजेन्द्र प्रसाद, साहित्य, शिक्षा और संस्कृति, पृ. 10
37. "Which concerns itself with the whole complex of cultural activities of which the production of literature, is only one fragment"–David Daiches—'Critical approaches to literature', P. 376

अध्याय-3

प्रसाद का कहानी-साहित्य : वस्तु और शिल्प

सर्वतोन्मुखी प्रतिभाशाली 'प्रसाद' ने साहित्य की सभी शाखाओं को समान रूप से स्पर्श किया है। किन्तु 'प्रसाद' आधुनिक हिन्दी कहानी-साहित्य के प्रवर्तक हैं। उनके कथा-साहित्य का एक महत्वपूर्ण अंग समग्र साहित्य-साधना में विद्यमान है। वे आदर्शवादी थे, पर कहीं भी यथार्थवाद की उपेक्षा नहीं की है। 'प्रसाद' की समस्त कहानियाँ भावात्मक हो गई हैं और कहानी का सर्वथा भावात्मक होना कहानी से दूर हटकर काव्य के पास पहुँचने वाली बात हो जाती है। डॉ. ब्रह्मदत्त लिखते हैं—''वस्तुतः 'जयशंकर प्रसाद' एक महान कलाकार हैं। उनकी साहित्य-साधना के परिणामस्वरूप हिन्दी कहानी-कला अपने विकास मार्ग पर बहुत आगे बढ़ गई।''[1] प्रसाद की कहानी-कला की विशद चर्चा के पहले कहानी-साहित्य पर विचार करना पड़ेगा।

प्रसाद का कहानी-काल 1911 ई. से आरम्भ होकर 1937 ई. तक फैला हुआ है। इस छब्बीस वर्ष की लम्बी साहित्य-साधना में उन्होंने कुल मिलाकर सत्तर कहानियाँ लिखी हैं जो क्रमशः 'छाया, प्रतिध्वनि, आकाशदीप, आँधी, और इन्द्रजाल' कहानी संग्रहों में प्रकाशित हैं। 'ग्राम' से लेकर 'सालवती' तक की उनकी कहानियों में वस्तुतः उतने मोड़ नहीं हैं जितने उनके भाव-पक्ष में। सच तो यह है कि 'प्रसाद' की कहानियाँ अपेक्षाकृत शिल्प-विधि प्रधान नहीं हैं, भाव-प्रधान हैं और हिन्दी कहानी-साहित्य में केवल वे ही एक ऐसे कहानीकार हैं जिनकी कहानी भावों की अनुवर्तिनी रही है, शिल्प-विधि की नहीं। ''उनकी सर्वश्रेष्ठ कहानियाँ भारत की ही नहीं वरन् संसार की सर्वश्रेष्ठ कहानियों से टक्कर ले सकती हैं।''...रवि बाबू की भाँति ही उन्होंने हिन्दी-साहित्य के प्रत्येक क्षेत्र को उदारतापूर्वक अपनी सर्वतोमुखी प्रतिभा का अभयदान दिया है, जिससे उन्हें 'हिन्दी के रवीन्द्र' कहा गया है।...यह निश्चित है कि आधुनिक हिन्दी साहित्य में प्रसाद का व्यक्तित्व और उनका साहित्य अत्यन्त चमत्कार प्रद है।''[2]

प्रसाद की कहानी-कला का आरम्भ, विकास और उत्कर्ष इन कहानियों में स्पष्ट

है। समय सापेक्ष्य की दृष्टि से उन्हें हम तीन कालों में बाँट सकते हैं–

1. प्रथम उत्थान–1911 से 1922 ई. तक (छाया, प्रतिध्वनि)
2. द्वितीय उत्थान–1923 से 1929 ई. तक (आकाशदीप)
3. तृतीय उत्थान–1930 से 1937 ई. तक (आँधी, इन्द्रजाल)

1. इस काल में 'छाया' और 'प्रतिध्वनि' कहानी-संग्रहों की कहानियाँ आती हैं। इनमें छब्बीस कहानियाँ संगृहीत हैं–11 'छाया' में और 15 'प्रतिध्वनि' में। शैली की दृष्टि से जहाँ एक ओर वर्णनात्मक, प्रतीकात्मक और ऐतिहासिक हैं, वहाँ दूसरी ओर विषय की दृष्टि से प्रेम, सौन्दर्य और रहस्य-भावना को लिए हुए हैं। कहानियों का यही रूप क्रमशः इनके इतिहास और तृतीय काल की कहानियों में मिलता है, लेकिन तीनों कालों की कहानियों में स्तरगत अन्तर है।

सन् 1912 में प्रकाशित 'छाया' प्रसाद की प्रारम्भिक कहानियों का संग्रह है। इसी संग्रह से प्रसाद की भावात्मक कहानियों का स्वरूप स्पष्ट होने लगता है, कारण इन रचनाओं पर कल्पना और भावना की प्रधानता है। साहित्यिक दृष्टि से ये कहानियाँ अत्यन्त साधारण हैं। उत्कृष्टता तक पहुँचने के लिए ये कहानियाँ ही सीढ़ी बन गई हैं। इनमें कहानियों का धरातल मुख्यतः परिस्थितियों का विभिन्न प्रसंग है, अतः यहाँ संवेदना और मनोविज्ञान गौण हैं, और परिस्थितियों का चित्रण प्रधान हो गया है। 'छाया' की कुछ कहानियाँ ऐतिहासिक हैं तो कुछ काल्पनिक और दोनों प्रकार की कहानियों का धरातल भावुकपूर्ण है। भावुकता के प्राधान्य से कथानक इतिवृत्त मात्र बनकर रह गया है। इन कहानियों का रचना-विधान बिल्कुल साधारण और सीधा है। कहानियों का आरम्भ प्रायः प्रकृति-वर्णन से हुआ है। लेकिन वह भावात्मक न होकर प्राचीन आलंकारिक शैली में है। 'श्रावण-मास की संध्या भी कैसी मनोहारिणी होती है। मेघमाला विभूषित गगन की छाया सघन रसाल कानन में पड़ रही है। अँधियारी धीरे-धीरे अपना अधिकार पूर्व गगन में जमाती हुई, सुशासनकारिणी महाराणी के समान विहंग-प्रजागण को सुख निकेतन में प्रयत्न करने की आज्ञा दे रही है।'[3]

विषय प्रधान होने पर भी कहीं-कहीं प्रसाद की भावात्मकता और तदनुरूप मार्मिक वाक्य-विन्यास दिखाई पड़ता है। "निशा का अन्धकार कानन-प्रदेश में अपना पूरा अधिकार जमाए हुए हैं। प्रायः आधी रात बीत चुकी है। पर केवल उन अग्नि-स्फुलिंगों से कभी-कभी थोड़ा-सा जुगनू-का-सा प्रकाश हो जाता है जोकि रसिया के शास्त्र-प्रहार से पत्थरों में से निकल पड़ते हैं। दनादन चोट लगाए ही जा रहा है। एक क्षण के लिए भी इधर-उधर नहीं देखता।"[4] भाव के अतिरंजित चित्र फारसी साहित्यिक परम्परा के हैं। 'रसिया बालम' एक ऐसी कहानी है जो नाटकीय ढंग पर कल्पना प्रसूत, आदर्शवादी एवं कवित्वपूर्ण है जो आकार में छोटी, किन्तु अत्यन्त

भावपूर्ण और मार्मिक है। यह कहानी शीरीं-फरियाद के आदर्श पर प्रस्तुत की गई है। कहानी के अन्तर्गत मनोभावों के घात-प्रतिघातों का बड़ा मनोवैज्ञानिक चित्रण किया गया है।

'शरणागत' के अन्तर्गत कहानीकार ने भारतीय संस्कृति के आदर्श को प्रस्तुत किया है। 'सिकन्दर की शपथ' कहानी प्रसाद की ऐतिहासिक कहानी-परम्परा का प्रारम्भ है। 'चित्तौड़ उद्धार' में राजपूतों के आत्म बलिदान और त्याग से भरे हुए गौरवपूर्ण इतिहास का चित्रण है। 'अशोक' में प्रसाद ने साम्प्रदायिक अत्याचार एवं व्यापक और उदार धर्म-दृष्टि का चित्रण किया है। प्रसिद्ध मुस्लिम कथा ही 'गुलाम' का वर्ण्य-विषय है जिसमें भाषा का 'प्रसाद गुण' स्पष्ट परिलक्षित होता है। 'उसका पुरुषोचित सुन्दर मुखमंडल तारुण्य सूर्य के आतप से आलोकित हो रहा है।'[5] इधर घुँघराली अलके उसकी आँखों पर बरजोरी एक पर्दा डालना चाहती थीं।[6] आदि पंक्तियों में प्रसाद की सूक्ष्म निरीक्षण-शक्ति और कवित्वमयी प्रतिभा के सहज-दर्शन हो जाते हैं। 'जहाँनारा' कहानी में करुणा की स्रोतस्विनी अजस्र रूप से प्रवाहित है, जो पाठक पर अनुकूल प्रभाव छोड़ जाती है। 'मदन मृणालिनी' 'छाया' संग्रह की अन्तिम और अद्वितीय कहानी है। कहानी का अन्त अत्यन्त हृदयस्पर्शी है। नायक सब कुछ त्यागकर चिर वियोग को अपने जीवन का साथी चुन लेता है। प्रणय के असफल होने पर बलिदान का महान आदर्श अत्यन्त मार्मिक है। भाषा में आलंकारिकता अधिक है जिससे वह कहीं-कहीं कृत्रिम भी दिखाई देती है।

सन् 1922 में प्रकाशित 'प्रतिध्वनि' पन्द्रह छोटी-छोटी कहानियों का संग्रह है। इसमें करुणा, उन्नत संस्कार, सहानुभूति, उदारता, मानवता आदि भावों के प्रति प्रसाद का जो विशेष रुझान है, स्पष्ट किया गया है। कवित्व सर्वत्र विद्यमान है। 'गुदड़ी का लाल', 'प्रलय',[6] उस पार का योगी' आदि कहानियाँ भावपूर्ण ही हैं। इनमें नारी-हृदय की निगूढ़तम भावनाओं की प्रतिध्वनि है। 'गूदड़ साईं', 'खँडहर की लिपि', 'चक्रवर्ती का स्तम्भ' आदि कुछ कहानियाँ अधिक मार्मिक हैं।

'प्रतिध्वनि' संग्रह की इन कहानियों में आन्तरिक भावों के मनोवैज्ञानिक उद्घाटन, भावुकता, कल्पनाशीलता और व्यंजनापूर्णता आदि जो विशेषताएँ मिलती हैं, उनकी प्रतिनिधि उदाहरण, 'प्रसाद' कहानी है। मन्दिर के वैभवपूर्ण-विलासपूर्ण वातावरण में सरला की अपनी श्रद्धा के फूल प्रतिमा की ओर फेंक देना और देवता के चरणों पर फूल का गिरना एवं अन्त में फूल को भगवान के अंग पर सुशोभित देखना, ये सब 'प्रसाद' कहानी में सूक्ष्म रूप से वर्णित हैं। पुजारी ने सहसा घूमकर देखा और कहा—"अरे तुम। अभी यहीं हो, तुम्हें प्रसाद नहीं मिला, लो। जान या अनजान में पुजारी ने भगवान की एकावला सरला के नत गले में डाल दी। प्रतिमा

प्रसन्न होकर गिर पड़ी।''[7] इस वर्णन में पहले की स्थूल, नैतिक, आदर्शवादिता से भिन्न जो सूक्ष्म भावात्मक आदर्शवादिता है और अभिव्यंजना में जो सौन्दर्यात्मक मूर्त्तता है, वे 'प्रतिध्वनि' की इन कहानियों को सामान्य कहानियों से पृथक् कर देती है। 'गूदड़ साईं' के अन्तर्गत रेखाचित्र के द्वारा एक परम हंस का चित्रण कर लेखक ने जीवित और मूर्तिमंत आध्यात्मिक परम्परा का स्वरूप वर्णित किया है।

'गुदड़ी के लाल' कहानी में बुढ़िया का स्वाभिमानपूर्ण रूप चित्रित है जिसकी रक्षा के लिए वह भूखों मरना भी पसन्द करती है। 'अघोरी का मोह' में जीवन की विडम्बना स्वरूप उत्पन्न हुई विशेष परिस्थितियों का सफल चित्रण है। 'पाप की हार' एक समस्या-प्रधान कहानी है जिसमें लेखक ने बड़ी कुशलता से वासनापूर्ण भावना की पराजय दिखलाई है। वासना, सौन्दर्य और कर्तव्य की सीमाओं में पात्रों का बड़ा ही मनोहारी चित्रण हुआ है।

'सहयोग' के माध्यम से लेखक ने नारी-पुरुष के दाम्पत्य-जीवन का सन्तुलन प्रस्तुत किया है। कहानी का अन्त सुखद और उपदेशपूर्ण है। गद्य-गीत शैली में लिखी एक कहानी है 'पत्थर की पुकार', जिसका कलेवर ऐतिहासिक है। सामाजिक जीवन की विकृतियों से उत्पन्न मानव-जीवन की विडम्बनाओं का सुन्दर अंकन ही इसमें किया गया है। 'उस पार का योगी' प्रसाद की अभिनव रहस्यपूर्ण शैली की कहानी है। विषय-वस्तु पूर्णतया कवित्वपूर्ण ही है। भाषा का प्रयोग भी नवीन है। 'करुणा की विजय' कहानी में प्रसाद ने देश के दारिद्रय, अपराध और न्याय का परस्पर द्वन्द्व आदि भीषण समस्याओं का करुणापूर्ण चित्रण किया है। कहानी दुखान्त है।

'खँडहर की लिपि' कहानी की सृष्टि ऐतिहासिक आधार पर हुई है जिसमें पुरातन खंडहरों के प्रति जिज्ञासा रखने वाले युवक का कल्पना प्रसूत चित्रण काव्यमयी और भावमयी भाषा में किया गया है। 'कलावती की शिक्षा' में गृहिणी की प्रभावपूर्ण उक्तियों का महत्व प्रतिपादित होता है। अशिक्षित होते हुए भी कलावती अपने पति की प्रेरक शक्ति के रूप में स्वयं सिद्ध होती है। 'चक्रवर्ती का स्तम्भ' में इतिहास की प्रेरणा है। धार्मिक द्वन्द्व और नियति के शेष को चित्रित किया गया है। इस कहानी के अन्त में मुसलमानों के अत्याचार और क्षुब्ध प्रकृति के द्वारा उनके नाश को सामने रखा गया है जिससे कि पाठकों पर उसका गहरा प्रभाव पड़ता है। 'दुखिया' कहानी में स्वच्छन्दतावादी भावात्मकता और मानवतावादी करुणा चित्रित है। इसमें एक दरिद्र स्त्री के स्वाभिमान, हासोन्मुखी सौन्दर्य, भाव भंगिमा तथा परिस्थिति और मज़बूरी की सफल अभिव्यक्ति हुई है। प्रतीकात्मकता पर आधारित विश्वास-प्रेम श्रद्धा आदि का प्रतीक (प्रतिमा) कहानी रवीन्द्रनाथ टैगोर की गीतांजली से प्रभावित भारत की पवित्र भावभूमि को व्यक्त करती है जिसमें कल्याण-कामना का महत् आदर्श

निहित है। 'प्रलय' इस संग्रह की अन्तिम कहानी है। शैवदर्शन के सिद्धान्त को प्रसाद ने बहुत कलात्मक ढंग से प्रस्तुत किया है। प्रलय का यथातथ्य चित्रण अनुकूल भाषा के द्वारा इसमें हुआ है जिसमें 'कामायनी' के चिन्ता सर्ग के प्रलय दृश्यों की यहाँ स्पष्ट भूमिका परिलक्षित होती है। 'प्रलय रूपी तुम्हारा मिलन आनन्दमय हो'[8] कहानी का अन्तिम वाक्य आनन्द और कल्याण का उद्‌घोष करता है। इस प्रकार प्रसाद की प्रारम्भिक और प्रयोग-कालीन कहानियाँ उनके भविष्य की उत्कृष्ट कहानी-कला का आधार बनती हैं।

2. 'आकाशदीप' की कहानियाँ प्रसाद के द्वितीय काल की कहानियाँ हैं। इसका प्रकाशन सन् 1929 में हुआ है। ये संख्या में कुल उन्नीस हैं। ये कहानियाँ मुख्य रूप से संवेदनात्मक हैं जहाँ परिस्थितियाँ गौण हैं और संवेदना की तीव्रता सबसे अधिक है। संवेदनाएँ मुख्य रूप से प्रेम के केन्द्र-बिन्दु से चारों ओर फैली हैं। अन्तःसंघर्ष का चित्रण इसमें बड़ा मनोवैज्ञानिक रहा है। ये सभी जीवन की सच्ची भावनाओं का, हमारे सुख-दुःख, जीवन की गहरी संवेदनाओं की बोलती प्रतिमाएँ हैं। 'आकाशदीप, 'कला', देवदासी' ये सब सौन्दर्य और मनोवैज्ञानिक आधार की सृष्टि हैं। प्रकृति का शान्त-'रमणीय वातावरण, संवेदनशील पात्र, भाव-प्रवणता, वस्तु और विधान दोनों में सौन्दर्य कल्पना की अद्‌भुत छटा और गूढ़ व्यंजना को लेकर प्रत्येक कहानी एक गद्य-काव्य-सी लगती है। इन कहानियों में लेखकों की दृष्टि पूर्णतया अन्तर्मुखी हो गई है और वे एकान्त प्रकृति की गोद में मनुष्य की अन्तर्वृत्तियों का उद्‌घाटन करने में संलग्न हुए हैं। लेखक ही नहीं, पात्र भी कल्पनाशील हैं। शीरीं जागते हुए भी एक स्वप्न की कल्पना करने लगी। उसका प्रियतम सुदूर हिन्दुस्तान के एक नगर की गली में पीठ पर गट्ठर लादे घूम रहा है। 'परिश्रम और अनाहार से उसका मुख विवर्ण है। थक कर वह किसी के द्वार पर बैठ गया है। कुछ बेचकर उस दिन की जीविका प्राप्त करने की उत्कंठा उसकी दयनीय बातों से टपक रही है।'[9] शीरीं की यह भावुकतापूर्ण कोरी कल्पना नहीं है, उसके मूल में जीवन की यथार्थता का आभास है।

लक्ष्य-बिन्दु पर यहाँ बौद्ध-दर्शन का प्रभाव बहुत सुन्दरता से मुखरित हो गया है। प्रारम्भिक कहानियों के लक्ष्य-बिन्दु पर प्रायः करुणा की वृत्ति थी, अर्थात् अधिकांश कहानियाँ करुणा-प्रतिष्ठा के लक्ष्य से लिख गई थीं। वस्तुतः बौद्ध-दर्शन से प्रसाद जी ने दो महान् सत्य ढूँढ़ निकाले वे हैं, नारी शक्ति की महानता और उनका सम्मान तथा मानव-जीवन की करुणा और मानव के प्रति क्षमा, दया और प्यार।

इन्हीं सत्यों के ऊपर प्रसाद की कहानियों के लक्ष्य-बिन्दु का निर्माण हुआ है और इसी लक्ष्य-बिन्दु से, 'आकाशदीप', की सारी कहानियाँ लिखी गई हैं। 'आकाशदीप',

'चूड़ींवाली', 'देवदासी', 'स्वर्ग के खँडहर में' इन कहानियों की सृष्टि नारी-चरित्र की महानता और उसकी आत्मा के कारुणिक धरातल पर हुई है। स्वतन्त्र रूप से मानव-जीवन की करुणा दिखाने के लिए 'ममत', 'बनजारा' और 'बिसाती' कहानियों की रचना हुई है। मानव के प्रति क्षमा, दया और प्यार के लक्ष्य को लेकर 'भिखारिन', 'अपराधी', 'वैरागी' कहानियाँ लिखी गई हैं। इनके अतिरिक्त कुछ कहानियाँ विशुद्ध मनोवैज्ञानिक अनुभूतियों के धरातल पर निर्मित हुई हैं। उस अनुभूति का मुख्य केन्द्र है—प्रेम। इसी प्रेमानुभूति की प्रेरणा से रची हुई कहानियाँ यहाँ प्रायः गद्य गीत हुई हैं जैसे—'समुद्र संतरण', 'प्रणय चिह्न', 'रूप की छाया', 'ज्योतिष्मती', 'रमला'। 'समुद्र संतरण' की प्रेमानुभूति स्पष्ट ढंग से छायावादी गीत की प्रेरणा-सी लगने लगती है।

3. यह प्रसाद की कहानी-कला का चरम उत्कर्ष काल है। इसमें कहानीकार ने अपनी सृष्टि के प्रयोग-काल (1926 ई.) से आगे बढ़कर जीवन को जितनी गहराई से देखा है, जीवन की अनेकानेक भाव-भंगिमाओं का जितना गम्भीर और पूर्ण चित्र उपस्थित किया है, वह स्तुत्य है। इस काल की लिखी गई कहानियाँ कुल मिलाकर पच्चीस हैं और इनमें प्रसाद जी ने मानव दर्शन, मनोभावों, अनुभूतियों को अपनी कला में जितनी ईमानदारी से सँजोया है, वह अमूल्य है। 'छाया', 'प्रतिध्वनि' की कहानियाँ तरुण रोमांटिक कवि के भाव-चित्र हैं तो इस काल की कहानियों में जीवन-दर्शन की पैठ और कलात्मक स्तर की ऊँचाई दोनों का संयोग अपूर्व है।

इस काल की कहानियों का व्यापक धरातल मनोवैज्ञानिक हुआ है और संवेदनाएँ तथा परिस्थितियाँ इनकी अनुवर्तिनी हुई हैं। जहाँ मनोविज्ञान जीवन के विस्तृत क्षेत्र से तादात्म्य स्थापित करके आया है, वहाँ हमारे समाज, इतिहास और संस्कृति तीनों का सन्धि-स्थल प्रतिष्ठित हुआ है, इसलिए ही ऐसा सम्भव हो सका है।

'आँधी' में प्रसाद चरम सीमा पर आसीन दिखाई देते हैं। सन् 1933 में प्रकाशित 'आँधी' संग्रह में ग्यारह कहानियाँ हैं। इनमें भावात्मकता और यथार्थवादी चेतना का सुन्दर सामंजस्य हुआ है। 'दासी' और 'आँधी' कहानियों में वस्तु का अधिक प्रसाद दिखाई देता है, अन्य कहानियाँ कहीं एक विशेष मनोभाव, कहीं मानव-चरित्र की एक विशेष धारा और कहीं आकस्मिक घटनाओं से उत्पन्न परिस्थिति में बहते जीवन को लेकर चलती हैं।[10] 'आँधी' की कहानियों में भावात्मकता और यथार्थवादी चेतना का सुन्दर सामंजस्य हुआ है। 'आँधी', 'पुरस्कार' आदि कहांनियाँ पहले की परम्परा में स्वच्छन्दतावादी और भावात्मक ही हैं, लेकिन जीवन की यथार्थता के स्पर्श से उसके स्वर में परिवर्तन आ गया है।

'घीसू', 'बेड़ी' आदि कहानियाँ यथार्थवादी हो गई हैं। 'बेड़ी' की कथावस्तु अत्यन्त साधारण है जो नित्यप्रति संसार में देखने को मिलती है। 'प्रसाद जी ने इस

घटना को आँखों देखकर कहानी के रूप में प्रस्तुत किया है।'[11] अंधे, भिखमंगे का एकमात्र सहारा, वह लड़का चंचलता में भाग निकलने का प्रयत्न कर रहा था, इसलिए उसके पैरों में बेड़ी लगाई गई। लेकिन उसी से उसकी मृत्यु भी हो गई। बेड़ी के कारण मोटर दुर्घटना में पड़कर वेदना से व्याकुल लड़के की बेड़ी काट देने के लिए जब अन्धे ने कहा तब तक उसके प्राण-पखेरू अपनी बेड़ी काट चुके थे। इन यथार्थवादी कहानियों का रचना-विधान भी स्वच्छन्दतावादी कहानियों से भिन्न है। धीरे-धीरे शिल्प-सौन्दर्य के साथ तन्त्र योजना के ताने-बाने की ओर भी लेखक का ध्यान आकृष्ट हुआ है। 'नीरा' कहानी मूलतः स्वच्छन्दतावादी या मानवतावादी हो सकती है, लेकिन उसका ढाँचा और रचना-विधान यथार्थवादी है। इन यथार्थवादी कहानियों में परिस्थिति और घटना की तरह संवाद भी यथार्थोन्मुखी और चुस्त है।

'इन्द्रजाल' सन् 1936 में प्रकाशित प्रसाद का अन्तिम और सर्वश्रेष्ठ, पूर्ण परिपक्व चौदह गल्पों का संग्रह है। यहाँ तक आते-आते भाव निरूपण ही कहानी का एकमात्र लक्ष्य नहीं रहा, उसमें कथानक और चरित्र-चित्रण को भी स्थान मिलने लगा है। इस संग्रह की कहानियों में स्वच्छन्दतावादी, मानवतावादी और यथार्थवादी तीनों प्रवृत्तियाँ निखर आई हैं। कहानियों का आधार मनोवैज्ञानिक है। लेखक के द्वारा जीवन की व्यापकता और गहराई में पहुँचने का सफल प्रयास 'आँधी' और 'इन्द्रजाल' की कहानियों में ही है। 'आँधी', 'गुंडा', 'देवरथ', 'सालवती' आदि कहानियाँ इसका प्रमाण ही हैं।

'इन्द्रजाल' कहानी में, विशेषतः उसके अन्त में कथानक जिस वेग से आगे बढ़ता है और इन्द्रजाल दिखाने के नाम पर जिस घुमाव के साथ समाप्त होता है, वह कहानी कला की प्रौढ़ता का द्योतक है। यथार्थवादी कहानियों की परिणति का उदाहरण 'विराम चिह्न' है। उसमें जीवन की वास्तविकता का प्रतिबिम्ब को ही प्रस्तुत नहीं किया गया बल्कि, हरिजन वृद्धा के व्यक्तित्व को ढालते हुए उसके माध्यम से बहिर्मुखी सामाजिक यथार्थता की विषमता को मूर्त रूप दिया गया है। हरिजनों के मन्दिर-प्रवेश की समस्या व्यक्तित्व और वेदना से मिलकर इस प्रकार प्रस्तुत की गई है कि कहानी सामयिकता से परे एक व्यापक सत्य की ओर भी संकेत करने लगती है। 'सालवती' कहानी में वस्तुगत जीवन की परिधि व्यापक होकर कहानी के छोटे ढाँचे में समा नहीं पाई। यहाँ भी लेखक को जीवन की गम्भीरता की ओर, उसके चिरंतन सत्य की ओर संकेत करने का अवसर मिल गया है। यह एक अन्तर्द्वन्द्व प्रधान श्रेष्ठ कहानी है। इसमें वैदिक-जीवन का सजीव हृदयस्पर्शी चित्रण है। सामाजिक मनोविज्ञान के धरातल से लिखी हुई कहानी है 'सालवती'। इसमें सालवती के वृद्ध पिता कहते हैं—"आर्थिक पराधीनता ही संसार में दुःख का कारण है। मनुष्य को

इससे मुक्ति पानी चाहिए, इसलिए मेरा उपास्य स्वर्ण है।''[12] हमारी संस्कृति तथा मनोविज्ञान के स्वरूप त्याग, दया, क्षमा, सत्य आदि हैं और इनकी परीक्षा क्रमशः 'देवरथ', 'सालवती' आदि कहानियों में सफलता से हुई है।

प्रसाद जी के इन पाँच संकलनों में संकलित कहानियों में वस्तु, प्रवृत्ति और विधान की प्रायः भिन्नता दिखाई देती है। इन तीनों के साथ-साथ प्रसाद की कहानी-कला की जो विशेषताएँ हैं, उन पर भी हम आगे विचार करेंगे।

वस्तु दृष्टि

प्रसाद की कहानियाँ अतीत और वर्तमान से सम्बन्धित हैं। राष्ट्रीय भावना और भारतीय संस्कृति की उज्ज्वलता का आकर्षण भी उनके मूल में है। प्रसाद के साहित्यिक व्यक्तित्व में भावनाशील, कल्पनाशील प्रवृत्तियाँ जितनी विकसित और पुष्ट हैं उतनी ही दार्शनिक, राष्ट्रीय-सांस्कृतिक और मानवीय प्रवृत्तियाँ भी हैं। उनकी कहानियों में राजनीतिक-सामाजिक समस्याओं को उठाया गया है। यों तो इतिहास के आधार पर लिखी हुई बहुत-सी कहानियाँ मिल जाती हैं, लेकिन उनमें तत्कालीन सामाजिक-सांस्कृतिक परिस्थिति का सजीव चित्र प्रस्तुत नहीं होता साथ-साथ उस परिस्थिति से पात्रों के भाव-विचारों और जीवन की घटनाओं को जोड़ते हुए ऐतिहासिक रचना की कलात्मकता का बोध भी कम कराया गया है। सच्चे अर्थ में 'प्रसाद' की ऐतिहासिक कहानियाँ छह हैं—'दासी, पुरस्कार, नूरी, गुंडा, देवरथ तथा सालवती'। 'आकाशदीप, ममता, व्रत-भ्रम' आदि कहानियाँ भी यद्यपि ऐतिहासिक घटनाओं और परिस्थितियों के आधार पर रची गई हैं, फिर भी उनमें इतिहास-चित्रण का वह निखरा रूप नहीं है। शान्ति प्रिय द्विवेदी के अनुसार—'उनकी कहानियों को हम एक प्रकार का प्रेम-पूर्ण कथात्मक गद्य-काव्य कह सकते हैं, जिसमें घटना और चरित्र, प्रधान न होकर भाव ही प्रधान होते हैं। इस भावाभिव्यक्ति के लिए ये कथा की सृष्टि गद्य-काव्य के ढंग पर कर देते हैं। उसमें कहानी उतनी ही सूक्ष्म रहती है, जितनी पल्लवों में झिराए, जो उनके भाव-विकसित हृदय के हरित-विस्तार में ढकी रहती है...प्रसाद जी की कहानियाँ एकांकी नाटकों की भाँति एकांगी हैं, जिनमें एक मनोवृत्ति, हृदय का एक चित्र अथवा घटना की एक रेखा है।''[13]

परिस्थिति

प्रसाद का इतिहास के प्रति जो आकर्षण है, वह उनकी स्वच्छन्दतावादी प्रवृत्ति के कारण है। इतिहास की रहस्यात्मकता, उसमें कल्पना की सम्भावनाओं, स्वच्छ जीवन और प्रेम की अनुकूल भूमि, प्रत्यक्ष जीवन की वास्तविक संघर्षों की विभीषिका से

मन को विश्राम आदि ही नहीं, उसके सांस्कृतिक-मानवीय पहलुओं ने भी लेखक को प्रभावित किया है। इन पहलुओं में भारतीय साधना एक ऊँचाई पर पहुँची थी। कालक्रम में अनेक कारणों से उसका विशेष पतन हो गया था। प्रसाद वर्तमान की उस ऐतिहासिक भावना से सम्बन्ध जोड़ना चाहते हैं। इतिहास राष्ट्रीय भावना को भी उत्तेजित करता है। प्रसाद जी की सर्वश्रेष्ठ कहानियाँ वे हैं जिनका आधार ऐतिहासिक है। सूक्ष्म सांस्कृतिक प्रेम, कर्तव्य एवं सौन्दर्य साधना को ही उनकी कहानियों का वर्ण्य-विषय कहा जा सकता है।

प्रसाद की ऐतिहासिक कहानियों में प्रेम, वीरता और देशभक्ति की भावना प्रधान है। प्रेम का वीरता और साहस के साथ संयोग, रोमांस की सृष्टि करता है। नाटकों की तरह उनकी कुछ कहानियों का भी मंगलमय प्रसादान्त है। प्रसाद की ऐतिहासिक कहानियों में कलात्मक प्रेमरस का एक सूत्र विद्यमान है। 'प्रतिध्वनि' की ऐतिहासिक कहानियों में भावात्मकता और स्वच्छन्दतावादी प्रवृत्ति का आरम्भ हुआ है, लेकिन इतिहास के खँडहरों में कल्पनाशील लेखक की प्रवृत्ति में रोमांसिक कहानी का पूर्ण विकसित रूप परवर्ती कहानी संग्रहों में है। प्रसाद की ऐतिहासिक कहानियों में भारतीय इतिहास के तीन कालों के चित्र उतारे गए हैं—एक तो बौद्ध, दूसरा मुस्लिम और तीसरा मुगल। 'सालवती', 'व्रतभंग', 'बौद्धकाल की', 'दासी', 'स्वर्ग के खँडहर में' और 'देवरथ' मुसलमानों के आक्रमण काल की, 'तानसेन', 'जहाँआरा', 'गुलाम' 'मुगल की' और 'गुंडा', 'शरणागत' गदरकालीन कहानियाँ हैं।

प्रवृत्ति के आधार पर

प्रसाद की कहानियों को स्वच्छन्दतावादी, मानवतावादी और यथार्थवादी वर्गों में बाँटा जा सकता है। 'समुद्र संतरण', 'हिमालय का पथिक', 'प्रणय चिह्न' आदि कहानियों में प्रेम का शुद्ध स्वच्छन्दतावादी रूप मिलता है। मानव-समाज से दूर समस्त रमणीय कोने के विरह-मिलन की अत्यन्त मार्मिक वेदना है 'प्रणय-चिह्न' में। आधुनिक युग की परिस्थितियों ने मानव-जीवन को भोगिक बना दिया है। सत्य समाज के नियमों ने उसे कृत्रिम भी कर दिया है। प्राणी-बन्धनों को तोड़कर जीवन के उन्मुक्त प्रचार के लिए छटपटा रहा है। लेकिन इस स्वच्छन्द जीवन पर मुग्ध है सभ्य जीवन। समाज के जीवन में भी वैसी गतिशीलता के आने की चाह में उनका मन 'बिसाती', 'आँधी', 'चन्दा' आदि कहानियों के काजरे, बनजारों की ओर आकृष्ट हुआ है। इन कहानियों में लेखक ने ग्रामीण वातावरण में बनजारों, काजरों आदि के रहन-सहन, प्रकृति, स्वभाव और जीवन-पद्धति का यथार्थ व सजीव वर्णन प्रस्तुत किया है। 'आकाशदीप', 'पुरस्कार' आदि कहानियों में प्रेम के साथ अन्य भावों का संघर्ष दिखाया गया है।

मानसिक संघर्ष से रचना में सजीवता आ गई है। ये कहानियाँ एक मनोवैज्ञानिक मनःस्थिति को लेकर चलती हैं। चम्पा के चरित्र में अन्तर्द्वन्द्व के कारण उत्पन्न मानसिक व्यथा का चित्रण है–एक ओर वह बुद्धगुप्त से प्रेम करती है तो दूसरी ओर उसे अपने पिता का हत्यारा समझकर द्वेष और प्रतिशोध की भावना में जलती भी है। वह प्रियतम का साथ देती है न कि बदला लेती है। बड़ी कुशलता से दो भावों का निर्वाह समान रूप से किया है। सामाजिक अवरोध प्रायः प्रेम को असफल ही बना देते हैं जैसा कि 'देवदासी', 'अपराधी', 'बिसाती', 'रसिया बालम' आदि कहानियों में हुआ है। प्रसाद ने अपनी कहानियों में स्वच्छन्द प्रेम के स्वस्थ आदर्श को ही सामने रखा है, साथ ही कहीं वातावरण और वस्तु को, कहीं भाव की गूढ़ता और कहीं उद्देश्य की अस्पष्टता को लेकर रहस्यमय प्रवृत्ति दिखाई देती है। यह रहस्यमयता जीवन के अद्‌भुत पल और विचित्रता का द्योतक है। उदाहरणार्थ 'हिमालय का पथिक' नामक कहानी प्रस्तुत की जा सकती है। 'प्रतिमा', 'सहयोग', 'सन्देह' आदि कहानियों में मन की अनुभूति और जीवन व्यवहार में उसके प्रसार के ही चित्र प्रस्तुत किए हैं। स्वच्छन्दतावादी प्रवृत्ति में प्रतीकात्मक पद्धति का बहुत प्रश्रय मिला है। बहुत-सी कहानियों में प्रतीकात्मकता का कुछ आभास जरूर है। 'वैरागी' कहानी में विशिष्ट वस्तु के साथ एक सांकेतिक अर्थ को भी ग्रहण किया जा सकता है।

मानवतावादी

प्रसाद ने अपनी कहानियों में विभिन्न पात्रों के साथ विभिन्न जीवन-प्रश्नों को जोड़कर मानसिक अन्तर्द्वन्द्व को महत्वपूर्ण स्थान दिया है। प्रसाद की कहानियों का कथानक घटनापरक न होकर मानव-जीवन के अन्तर्विश्लेषण को अपना प्रतिपाद्य बनाता है। कहानियों में जहाँ कहीं भी इतिवृत्तात्मकता है, वह प्रासंगिक है। प्रसाद मानव के उद्‌घोषक हैं जिनकी दृष्टि समाज और राष्ट्र को भी लाँघ जाती है।[14] 'गुंडा' का विचित्र साहस निश्चय ही यथार्थ अन्तरदर्शन और सामाजिक वस्तुस्थिति को लेकर प्रकट हुआ है। यह कहानी अपने लाक्षणिक सौन्दर्य में तो अद्वितीय है ही साथ ही समस्यापरक रेखाचित्र के रूप में भी सफल हुई है। इस प्रकार की कहानियों की कथावस्तु सहज सम्बन्ध, प्रभावात्मक और कलात्मक है जिनके माध्यम से प्रसाद ने अपने समस्या-सूत्रों को पाठकों के समक्ष उपस्थित किया है। तीव्र संवेदना के प्रभाव से कहानी की परिस्थिति गौण हो जाती है, कहानी गीत बनकर रह जाती है। 'आकाशदीप' इसका ज्वलन्त उदाहरण है। 'ममता', 'भिखारिन', 'चूड़ीवाली', 'देवदासी' आदि कहानियाँ इसी तीव्र संवेदना के कारण अमूल्य सिद्ध हुई हैं।[15] 'ममता' में उनका दृष्टिकोण भारतीय संस्कृति के मानवीय पृष्ठों एवं चेतनाओं को समग्रतः उद्‌घाटित करना ही रहा है।

मध्ययुगीन धार्मिक व्यवस्था और आधुनिक युग के सामाजिक वातावरण ने मनुष्य की मानवीय भावना को विकसित किया है। इन कहानियों में कहीं विद्रोह की भावना है तो कहीं व्यंग्य कटाक्ष। 'चक्रवर्ती का स्तम्भ', 'सलीम', 'नीरा', 'गुंडा', 'छोटा जादूगर' आदि कहानियों में पतितों और समाज-बहिष्कृतों की ओर तथा जीवन में धार्मिक, सामाजिक व्यवस्थाओं की कठोरता की ओर संकेत किया है। 'नीरा' कहानी के वृद्ध का व्यक्तित्व, उसके जीवन की कहानी है और वचनों में समाज के प्रति एक तीखा और कटु व्यंग्य भरा हुआ है—'देखकर चलता, तो यह अठन्नी कैसे मिलती।'[16]

प्रसाद की कहानियों में केवल तीन—'पुरस्कार, गुंडा और मधुआ'—चरित्र, प्रधान कहानियाँ हैं। 'देवरथ', 'सलीम', 'आँधी', 'नीरा' आदि कहानियों में भी भाव-निरूपण के अतिरिक्त पात्रों की चारित्रिक विशेषताओं का उद्घाटन हुआ है। 'प्रसाद' की प्रायः सभी कहानियाँ वातावरण-प्रधान हैं। 'आकाशदीप', 'स्वर्ग के खँडहर में' आदि कहानियाँ इस कोटि में आती हैं।

पात्र और चरित्र-चित्रण

समाज के विविध परिवेशों में पात्रों की सृष्टि हुई है। वे पात्र वीरता के प्रतीक, करुणा की प्रतिमूर्ति, मानवता के ज्योति स्तम्भ और चारित्रिक उत्कृष्टता के द्योतक हैं। उनका हृदय सौन्दर्यानुभूति में आप्लावित है। 'प्रसाद' ने उन्हें गम्भीर चिन्तक और दार्शनिक के रूप में प्रस्तुत किया है। डॉ. लक्ष्मीनारायण लाल का कथन है कि 'कहानीकार प्रसाद' का व्यक्तित्व आधुनिक हिन्दी कहानीकारों में सर्वथा अनूठा है।...अतएव प्रसाद जी की कहानियों में घटना के प्रस्तुत करने में, चरित्र-चित्रण और चरित्र-निर्माण में, सिद्धान्त-प्रतिपादन और वातावरण की अवतारणा में वे बिल्कुल मौलिक सिद्ध हुए हैं।...'प्रसाद' जी की कहानियाँ हिन्दी कहानी-साहित्य में सबसे अलग और स्वतन्त्र शिल्प-विधि के रूप में हैं।[17] 'आकाशदीप' का बुद्ध गुप्त दस्यु होकर भी दार्शनिक है, भावुक है। चम्पा के तेज के समक्ष उसकी सारी मलिनता धुल जाती है। 'गुंडा' का नन्हकूसिंह की दृष्टि में पतित होकर त्याग की महत्वपूर्ण भूमिका निभाना है। वह समाज के लिए बाह्य रूप में गुंडा है, पर उसके हृदय में भारतीय वीर के उन समस्त गुणों का समावेश है जो उसे लोकनायक की संज्ञा प्रदान करते हैं। अरुणा और अभय (सालवती) में प्रेमाभिमान की प्रबल जागृति है। 'प्रसाद' के पात्र निर्भय और विवेकशील हैं। फिर भी पुरुष पात्रों का चरित्र उतना प्रतिष्ठित नहीं हो सका है जितना नारी पात्रों का। मानव चरित्र के असाधारण पहलू की ओर ही प्रसाद का ध्यान अधिक गया है। इस दृष्टि से 'आँधी', 'दासी', पुरस्कार', 'परिवर्तन', 'सन्देह',

'देवरथ', 'चित्र वाले पत्थर' आदि उत्कृष्ट कोटि की कहानियाँ हैं। 'पुरस्कार' की गणना तो प्रसाद की सर्वश्रेष्ठ कहानियों में की जाती है। जीवन से सामंजस्य बनाए रखने वाले उपकरण तो अपनी सीमा निर्धारित रखते हैं, परन्तु उनकी आवश्यकता और कल्पना, भावना के साथ घटती-बढ़ती रहती है। बहुत दिनों तक बीती हुई बात स्मरण करने वाली मधुलिका को देखना ही है–'दो ही नहीं, तीन वर्ष हुए होंगे, इसी मधूक के नीचे, प्रभात में अरुण राजकुमार ने क्या कहा था?'[18]

प्रसाद के नारी पात्र अशिक्षित, तुच्छ जीवन वाली नारियाँ नहीं हैं। उनकी प्रत्येक स्त्री पात्र विवेकशील, भावुक और कर्त्तव्य-परायण हैं। उसके एक ओर प्रेम की स्रोतस्विनी लहरें हिलोरें ले रही हैं तो दूसरी ओर कर्तव्य-बुद्धि भी सदैव सतर्क और क्रियाशील है। 'चम्पा' और 'मधुलिका' अपने प्रेमियों के प्रति अपने हृदय को समर्पित करके भी कर्तव्य को नहीं भूली हैं। उनके हृदय में एक साथ कर्तव्य और प्रेम की आँधी है जिसका पर्यवसान त्याग में हुआ है। उनके स्त्री पात्र यौवन, सौन्दर्य और प्रेम के लहराते सागर हैं। उनमें रति का सौन्दर्य है तो चंडी का रुद्र रूप भी चिरंतन प्रेम, पुनीत कर्तव्य और असीम सौन्दर्य इनके अनुकरणीय आदर्श हैं।

पात्रों के विषय में अपनी ओर से अधिक कहने की प्रवृत्ति प्रसाद में नहीं है–उनके पात्र स्वयं ही अपने कार्यों द्वारा हमें अपना परिचय देते रहते हैं। यह लक्ष्य करने की बात है कि प्रसाद केवल दो-तीन पँक्तियों में ही जैसे कथा का तत्व समेट लेते हैं, वैसे ही थोड़ी-सी रेखाओं से पात्रों का स्वरूप स्पष्ट कर देते हैं। अन्तर्द्वन्द्व के समय भावों की भीषण आँधी के बीच उनके पात्र अपनी विशेषताओं का भी उद्घाटन करते रहते हैं। 'पुरस्कार' की मधुलिका सहसा सोचने लगती है–"श्रावस्ती-दुर्ग एक विदेशी के अधिकार में क्यों चला जाए? मगध कोशल का चिर शत्रु, ओह! उसकी विजय! कोशल नरेश ने क्या कहा था–'सिंहमित्र की कन्या।' सिंहमित्र कोशल का रक्षक वीर, उसी की कन्या आज क्या करने जा रही है? नहीं, नहीं! 'मधुलिका'! 'मधुलिका'! जैसे उसके पिता उस अँधकार में पुकार रहे थे। वह पगली की तरह चिल्ला उठी। रास्ता भूल गई।"[19] अन्त में संघर्ष पर टिकी हुई कहानियाँ इसी प्रकार की हैं। यही कारण है कि 'आँधी' की लैला, 'दासी' की इरावती और 'पुरस्कार' की मधुलिका में कोई अन्तर नहीं।

प्रसाद की कहानियों के पात्र अजर-अमर हैं। उनमें शाश्वत जीवन की माँसल अनुभूतियाँ हैं। स्वर्ग की सैर करते हुए भी उनके पाँव पृथ्वी पर टिके हुए हैं। विभिन्न पात्रों का प्रेम-प्रसंग काव्य-रसिका के हृदय को गुदगुदाने वाला है। 'नूरी' का प्रेमी 'याकूब', 'बेला' का उपासक, 'गोली' और 'सालवती' का अमल प्रसाद के मस्तिष्क की अनोखी उपज है। चम्पा का हृदय भी उसी प्रेम से छल-छलाते हुए करुणामय

हो सका है। वातावरण प्रधान कहानियों में पात्रों का चित्रण इतने गज़ब का होता है कि जिसकी समानता हम किसी अन्य लेखक से नहीं कर सकते। इसके अतिरिक्त उन्होंने पात्रों के चरित्र-चित्रण के लिए संकेतों, घटनाओं और वार्तालाप का भी आश्रय लिया है। प्रसाद की कहानियों में चरित्र-चित्रण को देखते हुए अन्त में यह कहना ही पड़ेगा कि इन्हें पुरुष पात्रों की अपेक्षा स्त्री-पात्रों के चरित्र-चित्रण में सफलता मिली है। वे लिखते हैं–"चन्दा ने अपना छुरा निकाल लिया और उसको चाँदनी में रंगा देखने लगी। फिर खिलखिलाकर हँसी और कहा–"दरद दिल काही सुनाहूँ प्यारे।" फिर हँसकर कहा–"हीरा तुम देखते होंगे, पर अब तो यह छुरा ही दिल की दाह सुनेगा।" इतना कहकर अपनी छाती में छुरा भोंक लिया।"[20] बहुत कम पात्रों को लेकर चरित्र-चित्रण करने का प्रसाद जी का जो सफल प्रयास है, वह यहाँ स्पष्ट हुआ है।

कथोपकथन

प्रसाद की कहानियों में कथोपकथन अर्थ गांभीर्य से युक्त होते हैं ने उनके कथोपकथनों में नाटककार के ओज और दर्प साकार हो उठे हैं तथा भावोद्रेक ने अपने चूड़ांत स्वरूप को प्राप्त किया है। ये कथोपकथन कथानक के विकास और पात्रों के चरित्र-चित्रण में बड़े सहायक सिद्ध हुए हैं। भावुकता से ओत-प्रोत और हृदय के आवेगों के पूर्व परिष्कृत ये संवाद सहज ही में हमारी निष्ठा पर नाचने लगते हैं। इनकी शैली अधिकांश कथोपकथनों में मनोवैज्ञानिक है। भावात्मक कथोपकथनों में वाक्यों की लघुता की ओर ध्यान अधिक हो गया है। इसमें भावों की परिपक्वता एवं दृढ़ता का परिचय प्राप्त होता है। सारे कथोपकथन प्रश्नोत्तर रूप में चलते रहते हैं; इसलिए उसमें शिथिलता कहीं भी नहीं आने पाई है। 'प्रसाद' के संवाद के विषय में सबसे उल्लेखनीय बात यह है कि उन्होंने अपने पात्रों के मुँह से सुसंस्कृत न होने पर भी गम्भीर काव्यमय भाषा का प्रयोग कराया, वहाँ कृत्रिमता और अस्वाभाविकता का दोष अपने आप ही आ गया है। दार्शनिक पुट के कारण उनके पात्रों के कथोपकथन मानवतावाद और करुणावाद का उद्घोष करते दिखाई देते हैं। 'प्रसाद' के इन गुणों का उल्लेख करते हुए प्रेमचंद कहते हैं–"आपकी कहानी में चुस्ती रहती है–आकर्षण आरम्भ तो होता ही है, पर अन्त भी अपने ढंग का निराला होता है–बड़ा ही भावपूर्ण, ध्वन्यात्मक और सहसा पढ़ने के बाद पाठक का मन झकझोर उठता है। वह एक समस्या को पुनः सुलझाने लगता है–सोचता है–'फिर क्या होगा' 'आगे क्या हुआ' इस प्रकार का अन्त आलोचक अच्छा नहीं मानते पर प्रसाद जी की कहानियों का यही गुण है।"[21]

वातावरण

प्रकृति के पुजारी, इतिहास के जिज्ञासु और कवित्वमयी प्रतिभा से युक्त प्रसाद की कहानियाँ वातावरण की दृष्टि से अत्यन्त सफल हैं। उनकी कहानियों में जीवन व्यापी परिवेश भी देखने को मिलता है जिसमें अधिक महत्व प्रकृति-चित्रण को मिला है। प्रकृति के सुन्दर दृश्यों के विधान द्वारा कहानीकार ने कहानियों के वातावरण को सजीव बना दिया है। उनकी प्रकृति क्या सूत्रों का संकेत देने वाली है। प्रकृति के काव्यमय भावमय चित्र पात्रों के मनोभावों और चरित्र की ओर इशारा करने वाले हैं।

'आर्द्रा नक्षत्र, आकाश में काले-काले बादलों की घुमड़, जिसमें देव-दुंदुभी का गम्भीर घोष। प्राची के प्रति एक निराश कोने से स्वर्णपुरुष झाँकने लगा था—देखने लगा महाराज की सवारी'... ।[22] कितना सजीव और भावपूर्ण शब्द चित्र है जिसे पढ़कर लगता है कि अवश्य ही कोई शुभ कार्य प्रारम्भ होने जा रहा है।

वातावरण निर्माण प्रसाद की कहानी-कला की सबसे बड़ी मौलिकता है। मुख्यतः ऐतिहासिक और भावात्मक कहानियों में वातावरण का निर्माण आश्चर्यजनक हुआ है। प्रसाद ने दो शैलियों से वातावरण का स्पष्टीकरण किया है। कहानी की मुख्य संवेदना के आरम्भ के पहले, कहानी के आरम्भिक वर्णनों द्वारा पात्रों के नाटकीय कथोपकथनों द्वारा वातावरण की सृष्टि करना प्रसाद की प्रमुख विशेषता है। इसके अतिरिक्त दृश्य-विधान, रूप-वर्णन, और भाव-चित्रों के माध्यम से भी इन्होंने वातावरण की सृष्टि की है।

भाषा

प्रसाद के कहानी-साहित्य में भाषा का अध्ययन दो धरातलों में बाँटकर किया जा सकता है। प्रथम, प्रसाद की ऐतिहासिक और सांस्कृतिक कहानियों की भाषा, और द्वितीय प्रसाद की सामाजिक कहानियों की भाषा। वस्तुतः इन दोनों दिशाओं की भाषा दो स्तरों की है।

प्रसाद एक ऐसे कहानीकार हैं जो भाषा-शैली के बहुत धनी हैं। एक श्रेष्ठ साहित्यकार होने के नाते उनकी कहानियों की भाषा भी परिमार्जित-परिनिष्ठित एवं उच्च साहित्यिक है। प्रसाद की भाषा अपने आप में निराली है। कहानी की संवेदना के समान और उसमें वातावरण प्रस्तुत करने के अनुरूप उनके पास परम समृद्धशाली भाषा थी। संस्कृत शब्दों से लेकर हिन्दी के ग्रामीण शब्द तक उनकी भाषा-शैली में फैले हुए हैं। अतएव उनकी ऐतिहासिक या सांस्कृतिक कहानियों में भाषा की

काव्यात्मकता, सूक्ष्म अन्तर्दृष्टि और कलात्मक ऐश्वर्य विशेष रूप से मिलता है। इसमें एक ओर भाषा की लाक्षणिकता, ओजकता के साथ ही साथ उपमारूपक की प्रचुरता मिलती है तथा दूसरी ओर विभिन्न रंगों एवं रसों में डूबे हुए शब्द-जाल मिलते हैं। शब्द-चयन, विषय-निर्वाचन, गठन तथा वाक्य-विन्यास सभी कुछ तो हमें निराले दृष्टिगत होते हैं।

''सामने शैल-माला की चोटी पर हरियाली में विस्तृत जल-देश में, नील-पिंगल संध्या, प्रकृति की एक सुहृदय कल्पना, विश्राम की शीतल छाया, स्वप्न-लोक का सृजन करने लगी। उस मोहिनी के हृदय से रहस्यपूर्ण जल का कुहुक फूट हो उठा, जैसे मदिरा से सारा अन्तरिक्ष रिक्त हो गया। सृष्टि नीले-कमलों से भर उठी। उस सौरभ से पागल चम्पा ने बुद्धगुप्त के दोनों हाथ पकड़ लिए। वहाँ एक आलिंगन हुआ, जैसे क्षितिज में आकाश और सिन्धु का। किन्तु उस परिरंभ में सहसा चैतन्य होकर चम्पा ने अपनी कंचुकी से एक कृपाण निकाला।''[23]—इस गद्यांश में स्निग्ध भाषा अपने स्वाभाविक और सरल रूप से प्रयुक्त हुई है। कलात्मक संयम और भाषा शैली की सजीवता से प्रसाद जी ने हमारी सामाजिक संवेदनाओं, समस्याओं और अनुभूतियों को कितनी सजीव और सूक्ष्म अभिव्यक्ति दी है। 'मधुआ' में माया का रूप कितना सजीव और सहज है—''शराबी उसका हाथ पकड़ कर घसीटता हुआ गली में ले गया। एक गंदी कोठरी का दरवाज़ा ढकेल कर बालक को लिए हुए भीतर पहुँचा। टटोलते हुए सलाई से मिट्टी की दबारी जलाकर वह फटे कंबलों के नीचे से कुछ खोजने लगा।'[24] इस प्रकार प्रसाद की भाषा-शैली में एक ओर प्रतिदिन की बोली जाने वाली सजीव भाषा का संयोग है और दूसरी ओर उसमें प्रसाद के कवि, नाटककार और निबन्धकार-व्यक्तित्व की भाषा शैली की प्रतिभा आ मिली है। फलतः प्रसाद की कहानी, भाषा-शैली में कवि की कल्पना, नाटककार का विश्लेषण और निबन्धकार के चिन्तन, तीनों तत्वों का मुन्दर समन्वय है।

वर्णन-शैली

प्रसाद जी की कहानियों में दो शैलियों के सिद्धान्तों का प्रतिपादन हुआ है। मुख्यतः उन्होंने पात्रों के मुख से सिद्धान्तों को कहलवाया है तथा कहीं-कहीं स्वतन्त्र वर्णनों में भी इसका प्रतिपादन हुआ है जैसे 'सालवती' के वर्णनों में। उनकी अधिकांश कहानियाँ वर्णनात्मक शैली में लिखी गई हैं। उनकी शैली भाव-प्रधान है। कभी-कभी वे प्राकृतिक विवरणों में भी उलझ जाया करते हैं। प्रायः कहानियाँ अन्य पुरुष प्रधान हैं, पर कहीं-कहीं आत्मकथात्मक शैली को भी उन्होंने अवश्य अपनाया है। 'देवदासी' जैसी कुछ कहानियाँ पत्रात्मक शैली में पाई जाती हैं। सहज मनोवैज्ञानिकता सर्वत्र

विद्यमान है। अन्तर्मुखी सर्जन की कथ्य-शैली में मनोवैज्ञानिकता और मनोविश्लेषणात्मकता के सहज रूपों का समावेश हो जाना प्रायः स्वाभाविक ही हुआ करता है। यह स्वाभाविकता प्रसाद की कहानी की कथ्य-शैली में अवश्य ही विद्यमान है। चित्रमयता, काव्यमयता, प्रतीकात्मकता, अलंकरण, नादसौन्दर्य, लाक्षणिकता-व्यंजकता आदि की प्रवृत्तियाँ भी उनकी कथ्य-शैली में सर्वत्र देखी जा सकती हैं। डॉ. देवराज की धारणा है कि 'हिन्दी कहानी के इतिहास में अपनी निराली रोमांटिक शैली के कारण, उनका स्थान सुरक्षित है।'

प्रसाद का आदर्शवाद

प्रसाद के सम्पूर्ण साहित्य में आदर्श की प्रतिष्ठा सबसे बड़ी विशेषता रही है। यह आदर्शवादी समाज, दर्शन और व्यक्ति तीनों क्षेत्रों में समान रूप से व्यंजित हुआ है।

सामाजिक क्षेत्र में प्रसाद का आदर्शवाद अपनी दो विशेषताओं में मिलता है—कहीं पुरातन की मर्यादा का समर्थन और कहीं सामाजिक मान्यताओं के प्रति क्रान्ति लेकिन इन दोनों विशेषताओं में प्रसाद सदैव अपने दृष्टिकोण में उदार और प्रगतिशील रहे हैं। पुरातन मर्यादाओं में उन्होंने अपने आदर्शवाद के अन्तर्गत केवल प्रेमतत्व को लिया है, जो वस्तुतः एक महान और चिरंतन आदर्श का प्रतीक है। 'रसिया बालम', 'तानसेन' और 'सुनहला साँप' में इन्होंने स्वतन्त्र प्रेम को इस प्रकार महान और शाश्वत बताया है कि उसमें स्वस्थ, प्राकृतिक प्रेरणा और स्वर्गिक आकर्षण है। जो प्रेम ऐसे वासना रहित धरातल से चरितार्थ होता है वह सदैव महान होता है। वस्तुतः प्रेम-विवाह की यह स्वस्थ कसौटी हमारे पुरातन समाज की है। इस धरातल पर प्रसाद की कहानियों में कितने स्त्री-पुरुष पात्र एक-दूसरे को सामाजिक रूप से पाने के लिए अपने आपको उत्सर्ग कर देते हैं। 'चन्दा' की चन्दा, 'रसिया बालम' की राजकुमारी, 'आँधी' की लैला, और 'देवरथ' की सुजाता इस परम्परा के महान प्रतीक हैं। सामाजिक मान्यताओं के विद्रोह में प्रसाद जी ने प्रेम और अर्थ दोनों को बराबर महत्व दिया है। 'चूड़ीवाली' और 'नीरा' में समाज की झूठी मान्यताओं के विरुद्ध सफल विद्रोह है।

प्रसाद ने अपने जीवन काल में इतिहास और दर्शन का गम्भीर अध्ययन और मनन किया था। इसके साथ ही इनका जीवन भी अनेक आयामों की यात्रा कर चुका था, इन सबका लाभ उनकी साहित्य-सर्जना को मिला। वे जागरूक युग-चिन्तक थे। उन्होंने अपने युग को, उसकी समस्याओं को व्यापक और उदार दृष्टि के साथ ग्रहण किया। शिव के समान युग के गरल का प्याला पीकर मानवता को साहित्यामृत का सागर प्रदान करने वाले प्रसाद ने तत्युगीन समस्याओं का निदान अतीत से खोजा

है जिसके लिए इतिहास के अछूते पृष्ठों को पलट कर देखा है और उनसे अपनी कहानियों के लिए सामग्री चुनी है। प्रसाद ने इतिहास और कल्पना की चित्रपटी पर मानव-मन के विविध चित्र उतारे हैं। मानव मन की भूल-भुलैया का मनोवैज्ञानिक चित्रण इन कहानियों का प्रमुख उद्देश्य है।

प्रसाद की कल्पनापूर्ण और अलंकृत कहानियों में भी मध्यवर्गीय व्यक्ति की सामाजिक समस्याएँ, मानवीय व्यवहार और परिस्थितियों को यथार्थ-कल्पनाएँ, लोक-जीवन का रहस्य, अध्यात्म एवं दर्शन प्रकट हुआ है। 'जीवन सत्य है, संवेदन सत्य है, आत्मा के आलोक में अन्धकार कुछ नहीं है।'[25] 'सालवती' में वज्जिसंघ के वंशज, आत्मवाद के प्रचारक तथा कर्मकाण्ड के विरोधी थे। 'आर्यों का वह दल, जो माधव के साथ ज्ञान की अग्नि मुँह में रखकर सदीनीय के इस पार पहले पहल आया, विचारों की स्वतन्त्रता का समर्थक था। कर्मकाण्डियों की महत्ता और उनकी पाखण्डप्रियता का विरोधी वह दल, सब प्रकार की मानसिक-नैतिक पराधीनता का कट्टर शत्रु था।'[26] यही नहीं, 'सालवती' जैसी ऐतिहासिक कहानियों के माध्यम से प्रसाद ने भारतीय संस्कृति की महत्ता, आर्यों की वैज्ञानिकता, दार्शनिकता और परायनता का सुन्दर और यथार्थ चित्रण किया है।

दर्शन के क्षेत्र में प्रसाद का आदर्शवाद वैदिक और बौद्ध दर्शन के धरातल पर प्रतिष्ठित हुआ है। वैदिक-दर्शन में ब्रह्म और माया के पारस्परिक सम्बन्ध का आदर्श 'प्रलय' कहानी में हुआ है, जहाँ शाश्वत, निराकार और अद्वैत ब्रह्म अपने अस्तित्व के लिए सर्वदा स्वयं अपने मौलिक आदर्श व्यक्त करता है। ब्रह्म का तांडव नृत्य होता है और माया उनमें विश्व की प्राचीनता और रमणीयता, स्वर्ग और प्रलय सब एक साथ देखती है और अन्त में नई सृष्टि के आरम्भ के लिए ब्रह्म और माया का आनन्दमय मिलन होता है।

इसके अतिरिक्त वैदिक दर्शन के अन्य अंग भी हैं—प्रकृति और नियति। बौद्ध दर्शन का सारभूत तत्व हैं—करुणा, सत्य और उत्सर्ग। बौद्ध-दर्शन का यह आदर्श मुख्यतः प्रसाद की समस्त कहानियों की आत्मा है। 'आँधी', 'आकाशदीप', 'देवरथ', 'नूरी', 'दासी', 'ग्रामगीत' आदि कहानियाँ तो इस आदर्श की अमर सृष्टि हैं।

प्रसाद की मौलिकता

कहानीकार प्रसाद का व्यक्तित्व आधुनिक हिन्दी कहानीकारों में सर्वथा अनूठा है। उनके व्यक्तित्व में दो आधारभूत चेतनाएँ बहुत शक्तिशाली ढंग से कार्य कर रही थीं। उनकी आत्मा की अच्छी आवाज 'पत्थर की पुकार' नामक कहानी में स्पष्ट ढंग से मुखरित होती है—'अतीत और करुणा का जो अंश साहित्य में है, वह मेरे

हृदय को आकर्षित करता है।'[27] प्रसाद ने कहानी को उसके तात्विक धरातल से बहुत कम लिखा। उनके मन में जो भी जैसी भावनाएँ उठीं, उसके अनुरूप या तो उन्होंने इतिहास से कोई कथा सूत्र ढूँढ़ निकाला या अपने कल्पना-लोक से उसकी सृष्टि कर ली और उसमें अपनी सहज अनुभूतियों और भावनाओं को पिरो दिया। यही कारण है कि उनकी प्रायः समस्त कहानियाँ भावात्मक हो गई हैं और भावात्मक कहानियों की अपनी स्वतन्त्र शिल्पविधि होती है।

घटना को प्रस्तुत करने में प्रसाद जी की तीन विशेषताएँ हैं—घटना की अवतारणा के पहले उसके ही अनुरूप वर्णन या चित्रण की एक पीठिका प्रस्तुत होती है। दूसरी विशेषता यह है कि घटनाओं के माध्यम से प्रसाद जी अपनी कहानियों में नाटकीयता और अन्तर्द्वन्द्व की सृष्टि करते हैं—जैसे 'आकाशदीप', 'इन्द्रजाल' और 'नूरी' की घटनाएँ।

चरित्रों का निर्माण प्रसाद ने सदैव कल्पना, अनुभूति और आदर्श के तादात्म्य से किया है। फलतः प्रसाद के चरित्र एक ओर भावुक, परम सौन्दर्यनिष्ठ, आकर्षक और प्रायः यथार्थ मानव से कुछ ऊपर उठे हुए हैं तथा दूसरी ओर उनमें अन्तर्द्वन्द्व, करुणा और उत्सर्ग के तत्व इतने घनीभूत रहते हैं कि उन्हें पूर्ण रूप से समझना मुश्किल हो जाता है। उनके चरित्र की अन्तर्मुखी प्रवृत्ति ही उन्हें अमर बना देती है। तथा समस्त चरित्रों में बहुत समानता भी आ जाती है। चरित्र-चित्रण की प्रमुख शैली नाटकीय शैली रखी है, अर्थात् घटना और कथोपकथन के माध्यम से पात्रों का चरित्र-चित्रण। शैली, वातावरण आदि भी प्रसाद की कहानी कला की प्रमुख विशेषता हैं।

इस प्रकार प्रसाद की मौलिकता कहानी के भाव-पक्ष में ही सीमित न रहकर कला पक्ष में विशेष रूप से अपनी प्रेरणा दे रही थी। उनकी कहानियाँ हिन्दी कहानी-साहित्य में सबसे अलग और स्वतन्त्र शिल्पविधि के रूप में हैं। इसके मूल में प्रसाद जी के व्यक्तित्व के कवि, नाटककार, उपन्यासकार, तीनों रूपों का सुन्दरतम तादात्म्य स्थापित हुआ है। इस अपूर्व सिन्ध-बिन्दु से जितनी कहानियों की सृष्टि हुई है, उन पर दर्शन, कल्पना और अनुभूति की गहरी छाप है।

शैली के व्यापक प्रकाश अर्थात् रचना-विधान में प्रसाद की कहानियों का भी आरम्भ विकास और चरम-सीमा का निर्माण परिचायक, घटनात्मक और वर्णनात्मक होता है। इनकी कहानियों के आकर्षण का सबसे बड़ा रहस्य यह है कि सम्पूर्ण कहानी के विकास-क्रम में नाटकीय सन्धियों और नाटकीय परिस्थितियों का अद्भुत प्रयोग होता है। उनकी शैली में भूमिका नहीं होती और परिचायक वर्णन की अपेक्षा इनमें कथोपकथन की मात्रा सबसे अधिक होती है। प्रायः कहानियों का आरम्भ कथोपकथन

से होता है तथा इसी शैली में कहानियों में कौतूहल-जिज्ञासा की मात्रा बढ़ जाती है। यहाँ चरम सीमा आदर्श बिन्दु पर प्रतिफलित होने के कारण प्रायः घटनात्मक योगात्मक हुई है; लेकिन इसके पीछे सर्वथा अभाव की दृष्टि से चरित्र और मनोविज्ञान की प्रेरणा मुख्य रूप से रही है। शैली के सामान्य पक्ष में इन कहानियों में कवित्वपूर्ण वर्णन हुआ है। रूप-छवि के चित्रण अन्य ढंग से हुए हैं। वर्णनों-चित्रणों द्वारा निर्माण की कला इस संस्थान की अनन्य देन है। लक्ष्य और अनुभूति की दृष्टि से कहानियाँ यद्यपि लक्ष्यात्मक अवश्य हैं, लेकिन इसकी सृष्टि की प्रेरणा में अनुभूति का ही स्थान प्रमुख है। अतएव शिल्पविद्या की दृष्टि से प्रसाद-संस्थान में भावात्मक विशिष्टता मुख्य रही है।

मूलतः प्रसाद की कहानी-कला के तत्व वे ही हैं, जिनके माध्यम से प्रेमचंद संस्थान बना है, लेकिन अन्तर इतना है कि प्रसाद की कला की दिशा, लक्ष्य और स्तर भिन्न हैं। उनके जीवन-दर्शन अथवा जीवन के प्रति दृष्टिकोण के अन्तर के कारण ही यह कलात्मक विभिन्नता मौजूद है। इनकी वर्तमान सभ्यता तत्कालीन परिस्थितियों और संस्कारों का संघर्ष था। प्रसाद के जीवन-दर्शन में करुणा, प्रेम, सौन्दर्य, आनन्द और आदर्श की भावना अत्यन्त तीव्र थी। फलतः इनकी भावना में, संस्कार में, अतीत की अपूर्व प्रेरणा, इतिहास और संस्कृति का इतना आग्रह था कि इसके फलस्वरूप उन्हें इन तथाकथित आदर्शों की प्रतिष्ठा के लिए बार-बार वर्तमान से अतीत के स्वर्णिम पृष्ठों में जाना पड़ा है। कभी-कभी अपनी प्रेरणा की अभिव्यक्ति के लिए उन्हें काल्पनिक सृष्टि करनी पड़ी है। प्रसाद की कहानी-कला का लक्ष्य भी इसीलिए वही रहा।

प्रसाद की कहानियों के विस्तृत विवेचन से स्पष्ट है कि वे उत्कृष्ट कोटि के कहानीकार हैं। उनकी कहानियों में वैचारिक गूढ़ता, कलात्मक दक्षता और कलात्मक सौन्दर्य के एक साथ दर्शन होते हैं। कला, चिन्तन और दर्शन ने इनकी कहानियों को अनुपम सौन्दर्य प्रदान किया है। प्रसाद जी की कहानियाँ छायावादी कवित्व-शैली और दर्शन से बहुत प्रभावित हैं। अतः कहानी-कला और शिल्प-सौन्दर्य की दृष्टि से प्रसाद की कहानियों को उत्कृष्ट कोटि का मानना ही पड़ेगा।

सन्दर्भ

1. डॉ. ब्रह्मदत्त–हिन्दी कहानियों का विवेचनात्मक अध्ययन, पृ. 153
2. श्री सुशीला देवी–विमला देवी–प्रसाद के उपन्यास और कहानियाँ, पृ. 203-242
3. जयशंकर प्रसाद–ग्राम कहानी–छाया (संग्रह), पृ. 31
4. जयशंकर प्रसाद–रसिया बालम (कहानी)–छाया (संग्रह), पृ. 43-44
5. 'जयशंकर प्रसाद' गुलाम (कहानी)–छाया (संग्रह)–पृ. 86

6. जयशंकर प्रसाद—गुलाम (कहानी)—छाया (संग्रह), पृ. 86
7. जयशंकर प्रसाद—प्रसाद (कहानी)—प्रतिध्वनि (संग्रह), पृ. 10
8. जयशंकर प्रसाद—प्रलय (कहानी)—प्रतिध्वनि (संग्रह), पृ. 84
9. जयशंकर प्रसाद बिसाती (कहानी)—आकाशदीप (संग्रह), पृ. 187
10. जयशंकर प्रसाद—आँधी संग्रह—प्रकाशकीय निवेदन
11. विनोद शंकर व्यास—प्रसाद और उनका साहित्य, पृ. 139
12. जयशंकर प्रसाद—सालवती (कहानी)—इन्द्रजाल (संग्रह), पृ. 117
13. डॉ. शान्तिप्रिय द्विवेदी—हमारे साहित्य निर्माता, पृ. 110-111
14. शम्भूनाथ पांडेय—प्रसाद की साहित्य-साधना, पृ. 265
15. सूर्यप्रकाश दीक्षित—प्रसाद का गद्य, पृ. 98
16. जयशंकर प्रसाद—नीरा (कहानी)—आँधी (संग्रह), पृ. 130
17. डॉ. लक्ष्मीनारायण लाल—हिन्दी कहानियों की शिल्प-विधि का विकास, पृ. 228-29-30
18. पुरस्कार (कहानी)—आँधी (संग्रह), पृ. 148
19. जयशंकर प्रसाद—पुरस्कार (कहानी), आँधी (संग्रह), पृ. 143
20. जयशंकर प्रसाद—चन्दा (कहानी), छाया (संग्रह), पृ. 19
21. सं. प्रेमचंद—हिन्दी की आदर्श कहानियाँ, नवाँ संस्करण, पृ. 19
22. प्रसाद—पुरस्कार (कहानी), छाया (संग्रह), पृ. 143
23. प्रसाद—आकाशदीप (कहानी), आकाशदीप (संग्रह), पृ. 17
24. प्रसाद—मधुआ (कहानी), आँधी (संग्रह), पृ. 48
25. प्रसाद—देवरथ (कहानी), इन्द्रजाल (संग्रह), पृ. 113
26. प्रसाद—सालवती (कहानी), इन्द्रजाल (संग्रह), पृ. 226
27. प्रसाद—पत्थर की पुकार (कहानी), प्रतिध्वनि (संग्रह), पृ. 44

अध्याय-4

प्रसाद की कहानियों में समाज

प्रसाद के कथा-साहित्य का उनकी समग्र साहित्य-साधना में एक महत्वपूर्ण स्थान है। प्रसाद की कहानियों की सबसे बड़ी विशेषता यही है कि उनमें समाज सूक्ष्म है। युग की विषम परिस्थितियों और यथार्थवादी साहित्य एवं साहित्यकारों का जो प्रभाव उनके मन पर पड़ा है और संवेदनशील साहित्यकार की भावना तथा कल्पना के सांस्कृतिक एवं मानवीय पहलुओं के साथ इस संघर्षशील यथार्थवादी पहलू का जो संयोग हुआ है, उसकी अभिव्यंजना कथा-साहित्य में ही हुई है। सौन्दर्य प्रेम और करुणा की लौकिक अनुभूतियों के माध्यम से प्रसाद मानवीय चेतना और शक्ति का विकास चाहते हैं। कथा-साहित्य में प्रसाद जीवन की यथार्थता की ओर प्रवृत्त हुए हैं। उन्होंने व्यक्ति-चेतना के जीवन के साथ संघर्षों की ओर संकेत किया है और परिस्थितियों के अनुसार व्यक्ति की सफलता-असफलता की कहानी प्रस्तुत की है। यह विजय या पराजय मानव जीवन की है और पात्र विभिन्न परिस्थितियों से लड़कर उनसे हारकर भी मानों उनका उपहास ही करते हैं।

प्रसाद ने अपनी कहानियों में जीवन के प्रति आस्था, विश्वास और आशा अभिव्यक्त की है। मानवतावाद के विकास में प्रसाद की दृढ़ आस्था का परिचायक है। उदात्त क्लासिकल परम्परा के प्रति उनका प्रेम और उनका लौकिक एवं कलात्मक व्यक्तित्व इस आशावादिता के मूल कारण हैं। इसी कारण जीवन के नग्न यथार्थ या अंधकार पक्ष की प्रबलता उनकी कहानियों में नहीं है। प्रसाद की कहानियों की दृष्टि और प्रवृत्ति की व्याख्या वाजपेयी जी की इन मान्यताओं से स्पष्ट है—"साहित्य का क्षेत्र स्वस्थ और सबल भावनाओं के सृजन का क्षेत्र है। अस्वस्थ और निर्बल भावनाओं का चित्रण भी नेगेटिव या ऊपर के पक्ष को दिखाने के लिए किया जा सकता है। किन्तु उसे 'आदर्श' मान बैठना रास्ते से भटक जाना है। समय के प्रवाह के साथ नई विचारधाराएँ और नवीन जीवन-दर्शन समाविष्ट होते हैं। समाज के परिवर्तनशील स्वरूपों पर साहित्यकार को सूक्ष्म निगाह रखनी होती है और इन नवीन

विचारधाराओं और जीवन-दर्शनों को विवेक या डिस्क्रिमिनेशन के साथ ग्रहण करना पड़ता है।"[1]

यूरोप में कविता के क्षेत्र में विचारात्मक और कलात्मक स्वतन्त्रता के आग्रह के साथ-साथ स्वच्छन्दता का विकास हुआ है तो कथा-साहित्य में रूढ़ सामाजिक व्यवस्था के प्रतिविद्रोह की भावना और व्यक्ति के महत्व की पहचान के आग्रह से प्रेरित होकर मानवतावाद का जन्म हुआ है।[2] स्वच्छन्दतावादी और मानवतावादी, दोनों प्रवृत्तियाँ बहिर्मुखी स्थूल दृष्टि को छोड़कर जीवन के अन्तर्दर्शन का प्रयत्न करती हैं।[3] प्रसाद की कहानियों में यह स्थूलता जीवन के अन्तर्दर्शन के धरातल पर है, बहिर्मुखी पर नहीं। सामाजिक कहानियों में प्रसाद ने अपनी सूक्ष्म दृष्टि ही डाली है जो ऐसी कहानियों को मानवतावाद से ओत-प्रोत बना देती है।

प्रसाद के सम्पूर्ण कहानी-साहित्य में उनका आदर्शवाद स्पष्ट झलक उठता है। लेकिन वह सामाजिक क्षेत्र में अधिक देखने को मिलता है। प्रसाद सामाजिक मान्यताओं के प्रति क्रान्ति और पुरातन की मर्यादा का समर्थन करते समय उदार और प्रगतिशील रहे हैं। यदि पुरातन मर्यादा के समर्थन में प्रसाद ने केवल प्रेमतत्व का ही सहारा लिया है तो सामाजिक मान्यताओं के विद्रोह में प्रेम और अर्थ का। इस प्रकार समाज के क्षेत्र में 'प्रसाद' का आदर्शवाद प्रेम और विवाह के दो केन्द्र बिन्दुओं से प्रतिष्ठित हुआ है।

1. आधुनिक युग की परिस्थितियों ने मानव-जीवन को यान्त्रिक बना दिया है। सभ्य समाज ने मानव को कृत्रिमता से घेर लिया है और जीवन की स्पंदता ही नष्ट कर दी। सभ्यता की इस चारदीवारी में पड़कर प्राणी बन्धनों को तोड़कर बाहर उन्मुक्त वातावरण के प्रसार के लिए छटपटा रहा है। सभ्य समाज के जीवन में प्रगति के आने पर कहानीकार ने ज़ोर दिया है और इस स्वच्छन्द जीवन पर इसलिए मुग्ध भी रहा है। ममता, स्वतन्त्रता और सौहार्द का जो रूप इस प्राकृतिक जीवन में दिखाई देता है वह अनेक सामाजिक बन्धनों से बद्ध समुदाय के जीवन में कहाँ?

'चन्दा', 'सुनहला साँप', 'बनजारा', 'बिसाती', 'आँधी' आदि कहानियों में कंजरों, इरानियों, बनजारों आदि के रहन-सहन, प्रकृति, स्वभाव और जीवन-पद्धति का यथार्थ और सजीव वर्णन कहानीकार ने प्रस्तुत किया है। इनके जीवन में किसी प्रकार का सामाजिक बन्धन न होने से प्रेम का जो स्वच्छन्द रूप यहाँ दिखाई देता है, वैसा अन्यत्र नहीं। 'इन्द्रजाल' कहानी के गोली और बेला में कितना स्वाभाविक और प्रखर आकर्षण है, जहाँ वे अपने मार्ग में किसी प्रकार के अवरोध की कल्पना ही नहीं कर सकते। जहाँ अवरोध है प्रेमी को और भी बल मिल जाता है, उसमें साहस और पराक्रम की भावना उत्तेजित होती है। उस बाधा का सामना करने के

लिए वह कटिबद्ध होता है। गोली आखिर बेला को प्राप्त कर ही लेता है। जब बेला ठाकुर साहब के घर रहने लगती है, गोली की प्रेम कहानी में संघर्ष-जन्य सजीवता आ जाती है। दूसरी ओर मानसिक द्वन्द्वों के कारण स्वच्छन्द जीवन और मानसिक स्वतन्त्रता में विकसित प्रेम की सहज प्रवृत्ति गम्भीर रूप भी धारण कर लेती है और वेदना की चरम-सीमा में परिणत हो जाती है।

'चन्दा' कहानी में चन्दा अन्त में बदला लेकर ही सन्तुष्ट होती है। यद्यपि चन्दा का विवाह रामू से तय किया गया है तो भी तबकोल-पति को यह विश्वास हो गया कि चन्दा प्रेम से हीरा का विवाह करना चाहती है, तो वे स्वयं उसका पालन करते हैं और रामू जंगल से दूर भगाया जाता है। अपने पति की मृत्यु पर परेशान चन्दा, रामू को छुरी से मारकर बदला लेती है। यहाँ पति-पत्नी प्रेम का असली रूप विद्यमान है जो प्रेम से संघर्ष पूर्ण हो जाता है। संघर्षों के कारण प्रेम की अनुभूति में तीव्र स्पन्दन हो उठता है।

'सुनहला साँप' में नेरा और रामू के प्रेम का बाधा-रहित स्वच्छन्द प्रसार हुआ है। वन्य जीवियों का प्रेम-जीवन कितना स्वाभाविक, ऋजुमार्गी और आकर्षक होता है, 'सुनहला साँप' उसका सुन्दर उदाहरण है। मानव-जीवन की गहराइयों का पता लगाना उतना आसान नहीं है, कम से कम चन्द्रदेव जैसे व्यक्तियों के लिए। पहाड़ी युवती नेरा और चन्द्रदेव के नौकर रामू में आकर्षण बढ़ता ही गया है जिससे कि नेरा के लिए मदिरा की चोरी करने में भी उसे संकोच नहीं हुआ। नेरा पहाड़ी युवती थी—उसमें यौवन की कुछ ऐसी मस्ती-मादकता थी, अपना प्रभाव जमाने की ऐसी प्रबल शक्ति थी कि उसके सामने सभ्य समाज के चन्द्रदेव को भी सिर झुकाना पड़ा और अपराधी होने पर भी रामू और नेरा मुक्त हो गए। कहानी का ढाँचा साधारण है, लेकिन उसमें स्वच्छन्द प्रेम की प्रबलता की मार्मिक अनुभूति कराई गई है।

2. प्रसाद की कहानियों में परस्पर विरोधी भावों में संघर्ष के साथ प्रेम पाया जाता है तथा अन्य मानसिक भावों का संघर्ष भी इन कहानियों में उपलब्ध है। ये कहानियाँ एक मनोवैज्ञानिक मनःस्थिति को लेकर चलती हैं। मन में जब दो समान शक्तिशाली भाव उत्पन्न होते हैं तो दोनों की समान प्रबलता मानव मन को एक तीसरी मनःस्थिति पर ले जाती है, जहाँ भावों के संघर्ष की व्याकुलता समाप्त होकर मानव मन को एक शान्त वातावरण में ले जाती है।

'आकाशदीप' कहानी की चम्पा के चरित्र में अन्तर्द्वन्द्व के कारण उत्पन्न मानसिक व्यथा का चित्रण है—एक ओर वह बुद्धगुप्त से प्रेम करती है तो दूसरी ओर उसे अपने पिता का हत्यारा समझकर द्वेष और प्रतिशोध की भावना में जलती भी है। अन्ततः वह न बुद्धगुप्त का साथ दे सकी और न उससे बदला ही ले सकी।

इस भाव-संघर्ष में हृदय विवश है, मन एक निर्वेद की सी स्थिति में पहुँच जाता है। लेकिन 'पुरस्कार' एक अन्य प्रकार की कहानी है। इसमें प्रेम और देश-भक्ति का विरोध होते हुए भी दोनों की उचित यथास्थान प्रवृत्ति दिखाई गई है। वस्तुतः कहानी में प्रेम और देश-भक्ति एक साथ चलते हैं और प्रसाद ने अपनी काव्य-कुशलता से दोनों भावों का सफल चित्रण किया है।

3. मानव समाज के एक कोने में प्रकृति की एकान्तता में विरह-मिलन की जो कथाएँ होती हैं, वहाँ प्रेमपूर्ण इन स्वच्छन्दतावादी कहानियों में होती हैं। इन कहानियों का आधार सामाजिक जीवन की विषमता है, जिससे भागकर मानव एक एकान्त स्थल में जाकर अपने प्रेम को सफल बनाने की चेष्टा करता है। 'समुद्र संतरण', 'हिमालय का पथिक' 'प्रणय-चिह्न' आदि कहानियों में प्राकृतिक सौन्दर्य और मानवीय सौन्दर्य अपने उन्मुक्त नैसर्गिक रूप में एक-दूसरे से स्पर्धा करने लगते हैं।

'समुद्र संतरण' में राजकुमार एक साधारण धीवर-बाला के सरल सौन्दर्य पर मुग्ध होता है और वह उसे ले चली—'पृथ्वी से दूर जलराज्य में, जहाँ कठोरता नहीं केवल शीतल, कोमल और तरल आलिंगन है, प्रवंचना नहीं, सीधा आत्मा-विश्वास है, वैभव नहीं, सरल सौन्दर्य है।'[4] वैभव-विलास से सुदूर राजकुमार को प्राकृतिक सौन्दर्य ने आकर्षित किया था। धीवर-बाला के साथ परिचय से राजकुमार के मन में सांसारिकता के प्रति जो मोह था, वह भी लुप्त हो गया। प्रसाद ने उस प्राकृतिक सौन्दर्य और ऐसी प्रेम भावना को जो नारी के उपयुक्त साहचर्य में ही तृप्त होती है, मूर्त रूप दिया है।

'हिमालय का पथिक' मानव जीवन का असली रूप है। मानव कभी इन भौतिक उपादानों से तृप्त नहीं होता है, अपने आदर्श की ऊँचाई पर पहुँचने की बार-बार इच्छा होती है। वह युवक किसी अनिर्दिष्ट रहस्य से घूमता रहा और संगिनी के रूप में किन्नरी को भी मिला। फिर भी वह उससे तृप्त नहीं रहा। हिमालय की निर्जन शिखर श्रेणी और बर्फ की झड़ी कस्तूरी मृग, ये ही उसके स्वजन हैं। उन पर आकृष्ट पथिक ने इस प्रणय लीला पर जब किन्नरी के वृद्ध बाबा ने आक्षेप किया तो पथिक ने उत्तर दिया—"मैंने देवता के निर्माल्य को और भी पवित्र बनाया है। उसे प्रेम के गंधजल से सुरभित कर दिया है। उसे तुम देवता को अर्पण कर सकते हो।"[5] लेखक ने एकान्त प्रकृति की गोद में इस स्वच्छन्द प्रेम को सफलतापूर्वक चित्रित किया है।

प्रेमपूर्ण कहानियों में सामाजिक विषमता

एकान्त प्रकृति की गोद में या समाज की सीमा से बाहर स्वच्छन्द जीवन बिताने वाले लोगों के प्रेम में कोई रुकावट होने की सम्भावना नहीं। लेकिन जो समाज के

दायरे में रहते हुए, सामाजिक बन्धनों में पड़कर अस्वस्थ जीवन बिताते हैं, उनके प्रेम की सफलता में रुकावटें हो सकती हैं। जहाँ व्यक्ति सामाजिक बन्धनों को तोड़कर, सामाजिक मर्यादा के विरुद्ध होने के कारण अपने मन में आन्तरिक संघर्ष को नियन्त्रित कर लेता है, वहाँ सामाजिक विषमता के बावजूद प्रेम की सफलता दिखाई पड़ती है। सामाजिक अवरोध प्रायः प्रेम को असफल ही बना देता है, सफलता बहुत कम ही होती है। इसके कारण अधिकांश समाज के बाहर रहना चाहते हैं, लेकिन सामाजिक प्रथाएँ उनसे छूटती नहीं। 'देवदासी' 'अपराधी', 'ग्रामगीत', 'बिसाती', 'रसिया बालम', 'मदन मृणालिनी' ऐसी कहानियाँ इस कोटि की हैं। इनमें सामाजिक अवरोध प्रायः प्रेम को असफल ही बना देते हैं।

प्रेमी व्यक्ति जब समाज के विभिन्न वर्ग के होते हैं तभी अकसर प्रेम असफल होता है। कहीं रूढ़ सामाजिक जाति भेद है तो कहीं धन और अधिकार के आधार पर बने हुए आर्थिक वर्गों की भिन्नता है। 'बिसाती' आर्थिक वर्गगत विषमता की कहानी है। 'आँधी' में कंजर युवती लैला सभ्य समाज के एक साधारण गृहस्थ से प्रेम करती है। 'रसिया बालम' एक प्राचीन परम्परा की प्रेम कहानी है जिसमें रानी एक साधारण युवक से अपनी कन्या का विवाह करने के लिए तैयार नहीं है। 'देवदासी' में सामाजिक प्रथा प्रेम के मार्ग में बाधाजनक सिद्ध होती है। प्रेम की प्रत्यक्ष सफलता की सम्भावना न होने पर भी देवदासी को प्रेम की मानसिक अनुभूति के द्वारा अपने जीवन को चरितार्थ बना लेने का अवसर भी नहीं मिला। रामस्वामी की आकस्मिक मृत्यु से वह अचेत बन गई। 'वह प्रायः सभामंडप के स्तम्भ से टिकी हुई, दोनों हाथों में अपने एक घुटने को छाती से लगाए अर्द्धस्वप्नावस्था में बैठी रहती है। उसका मुख विवर्ण, शरीर शीर्ण, पलक-अपांग और उसके श्वास में यान्त्रिक स्पन्दन है। नए यात्री कभी-कभी उसे देखकर भ्रम करते होंगे कि वह भी कोई प्रतिमा है।'[6] कभी-कभी कहानियों में सामाजिक विषमता नहीं, बल्कि अपनी काम-वासना तृप्त करके चले जाने वाले पुरुष की चित्तवृत्ति ही मुख्य कारण बन जाता है। 'अपराधी' कहानी के आरम्भ में राजकुमार वनबालिका से प्रेम करते दिखाई दिया है। यौवन काल में सभी अपराध और बाद में सब कुछ भूलने की चेष्टा या दुष्यंतीय प्रथा और समाज के संतान को दोषी ठहराना, यह कहानी आरम्भ काल से चली आ रही है। राजकुमार किशोर को राजशिशु को मारने के अपराध में मृत्यु दंड मिलता है। राजकुमार को पहचानने और उसके पूछने पर वनबालिका उत्तर देती है कि किशोर अपराधी है, राजशिशु को मारने का नहीं, अपने यौवनकालीन अपराधों में जन्म लेने का। कहानी के अन्त में वनबालिका की आत्मग्लानि, वेदना और भर्त्सना को अभिव्यक्त किया है।

समाज में रहने के नाते प्रेम में कुछ मुसीबतें झेलनी पड़ती हैं। फिर कठोर तपस्या और साधना से प्रेम की सफलता हो सकती है, इसका उदाहरण चूड़ी वाली है। नर्तकी की कन्या होने पर भी अन्त में उसकी इच्छा की पूर्ति हुई। विजय कृष्ण ने बड़ी खुशी के साथ उसको अर्द्धांगिनी बना लिया। 'तानसेन' में भी प्रेम की सफलता ही दिखाई गई है। तानसेन का सौसन से विवाह प्रेम-कहानी है। अन्त में सरदार कहता है–"रामप्रसाद, आज से तुम तानसेन हुए। यह सौसन भी तुम्हारी हुई, लेकिन धर्म से इसके साथ ब्याह करो।"[7] यहाँ धर्म को विवाह के लिए एक अवरोध बना दिया है। लेकिन तानसेन ने सरदार से कहा–"आज से हमारा धर्म प्रेम है।"[8] यहाँ तानसेन ने धर्म को प्रेम से बहुत निम्न कोटि का बना दिया है। 'विजया', 'सन्देह', 'अघोरी का मोह' आदि कहानियाँ यद्यपि एक मनोवैज्ञानिक स्थिति को लेते ही आगे बढ़ती हैं, तो भी प्रेम ही इन सबका मूल आधार है।

1. प्रसाद की स्वच्छन्द प्रेम की कहानियों में सामाजिक नैतिक रूढ़ियों के प्रति विद्रोह है, लेकिन मानवीय भावना के प्रति नहीं। प्रसाद ने अपनी कहानियों में जहाँ वासना और विलासिता का प्रसंग आ गया है उसकी विफलता ही दिखाई है। जैसे–'पाप की पराजय' 'उस पार का योगी', 'स्वर्ग के खँडहर में'। 'पाप की पराजय' में वासना के प्रति संकेत मात्र ही है। इसमें प्रमुख पात्र है घनश्याम–वह एक भील कन्या पर अत्याचार करता है और परिस्थितियों के परिवर्तन से उस पाप के परिहार के लिए उसकी सहायता करता है। 'स्वर्ग के खँडहर में' वासना और विलासिता को पूर्ण रूपेण चित्रित किया है। शेख स्वर्ग के नाम पर भोग-विलास का एक ऐसा आकर्षण अभीष्ट वातावरण निर्मित करना चाहता है जिसमें जीवन की स्वस्थता नाम मात्र के लिए भी नहीं थी और वह स्वर्ग खंडहर के रूप में परिणत हो गया। इसमें लज्जा शेख से कहती है–'पृथ्वी को केवल वसुंधरा होकर मानव जाति के लिए जीने दो, अपनी आकांक्षा के कल्पित स्वर्ग के लिए क्षुद्र स्वार्थ के लिए, इस महत्ती को, इस धरणी को, नरम न बनाओ। जिसमें देवता बनने के प्रलोभन में पड़कर मनुष्य राक्षस न बन जाए।'[9] इस प्रकार इन कहानियों में जीवन के मार्मिक अंशों का ही चित्रण है।

सामाजिक भावना

मनुष्य की मानवीय भावना के विकास में बाधा देने वाले सामाजिक तत्व हैं–मध्ययुगीन धार्मिक और आधुनिक युग की सामाजिक व्यवस्था। मानव के जीवन में बाधा डालने वाली वस्तु मध्ययुगीन धर्म जो मध्ययुग में व्यवस्थाबद्ध रूढ़ रूप धारण कर लेती थी। इसके विरुद्ध जितनी क्रान्ति हुई, वे सब धीरे-धीरे व्यवस्थाबद्ध हो गए। वर्ग-भावना जो तत्कालीन समाज में जाति-भावना में परिणत हुई, उसने समाज को पूरी तरह

जकड़ दिया। लेकिन उस समय धर्म ही जीवन का केन्द्र बिन्दु था और सामाजिक व्यवस्था के मूल में भी उसका प्रबल हाथ था। धर्म की ह्रासोन्मुखता हुई और सामाजिक अवनति भी। लेकिन आधुनिक युग में धार्मिक स्थिति में परिवर्तन हुआ और जाति भावना उतनी महत्वपूर्ण नहीं रही, लेकिन समाज में आर्थिक पराधीनता ने एक दूसरे वर्ग की सृष्टि की और एक सामाजिक विषमता का वातावरण फैला दिया। लेखक पतितों और समाज-बहिष्कृतों की ओर प्रवृत्त हुआ और उनके जीवन में धार्मिक व्यवस्थाओं को कठोरता की ओर संकेत करते हुए एक मानवतावादी वातावरण की सृष्टि की। सामाजिक जीवन की समस्याएँ व्यक्ति-सापेक्ष्य रूप में ही प्रस्तुत हुई हैं। सामाजिक जीवन की विषमता के कारण व्यक्ति और जीवन की वेदना इन कहानियों का प्रधान विषय है। इस सन्दर्भ में व्यक्ति का समाज के साथ संघर्ष और उसके मन का अन्तर्द्वन्द्व दोनों का चित्रण हुआ है। हरिजन समस्या, हिन्दू-मुस्लिम समस्या, आदि आधुनिक युगीन सामाजिक समस्याएँ, व्यक्ति-जीवन की सापेक्षता में ही प्रस्तुत हुई हैं जैसे—'विराम-चिह्न', 'सलीम' आदि कहानियों में।

आधुनिक जीवन की कहानियों को वस्तु की दृष्टि से मध्यवर्गीय, निम्नवर्गीय और समाज-बहिष्कृत वर्गीय रूपों में बाँटा जा सकता है। प्रथम की प्रवृत्ति स्वच्छन्दतावादी, द्वितीय की यथार्थवादी और तृतीय की मानवतावादी है। भाव की दृष्टि से प्रथम और तृतीय में प्रेम तथा करुणा की प्रधानता है तो द्वितीय में वास्तविकता जन्य दयनीय परिस्थितियों और वेदना की विवृत्ति है। 'चक्रवर्ती का स्तम्भ', 'देवरथ', 'नीरा', 'गुंडा', 'छोटा जादूगर' आदि इस प्रकार की कहानियाँ हैं।

'चक्रवर्ती का स्तम्भ' और 'देवरथ' में लेखक ने धार्मिक आडम्बर और अत्याचार के अन्त और अधर्म पर धर्म की विजय दिखाई है। अशोक चक्रवर्ती के ध्वस्त जीर्ण स्तूप पर दीपावली जलाने के अपराध में धर्म रक्षित आदि लोग, मुसलमानों के द्वारा बन्दी हो गए और स्तम्भ को तोड़ने की आज्ञा हुई। धर्मपालन का आदेश देने के लिए स्तूप का निर्माण हुआ है और धर्म को संकीर्ण मज़हब के अर्थ में ग्रहण करके धर्म के ही नाम पर उसे मिटाने का प्रयत्न हो रहा है। प्रसाद ने इस कहानी में प्राकृतिक या आधिभौतिक भावना की सहायता से धर्म की विजय दिखाई है—'निष्ठुर लोग हिंसा के लिए परिक्रमण करने लगे। किन्तु पत्थरों में चिल्लाने की शक्ति नहीं है कि उसे सुनकर वे क्रूर आत्माएँ तुष्ट हों। उन्हें नीरव रोने में भी असमर्थ देखकर मेघ बरसने लगे। चपला चमकने लगी। भीषण गर्जन होने लगा। छिपने के लिए वे निष्ठुर स्थान खोजने लगे। अकस्मात् एक भीषण गर्जन और तीव्र आलोक, साथ ही धमाका हुआ। चक्रवर्ती का स्तम्भ अपने सामने यह दृश्य न देख सका। अशनिपात से खंड-खंड होकर गिर पड़ा। कोई किसी का बन्दी न रहा।'[10] धार्मिकता के नाम

पर इस्लाम और हिन्दू सैनिक आपस में झगड़ा कर रहे थे। इसी पर प्रकाश डालते हुए एक धर्म रक्षित सैनिकों से पूछता है–''क्या जिस धर्म में दया नहीं है, उसे भी तुम धर्म कहोगे?''[11]

'देवरथ' में धर्म की विजय को वास्तविकता का आधार देते हुए लेखक कहानी और उसकी भाव-व्यंजना को और भी प्रौढ़ रूप दे सका है। इसमें धर्म का अर्थ व्यापक रूप में लिया है। कहानी में हिन्दू-मुसलमान जाति-भेद की धार्मिक संकीर्णता नहीं है। लेखक ने जीवन की विषम परिस्थितियों का वर्णन करते हुए मानवता की विजय दिखाने के लिए धर्म को आधार बना लिया है। कहानी के अन्त में सुजाता उत्सव के जन-समुद्र में फाँद पड़ती है और एक क्षण में उसका शरीर देवरथ के भीषण चक्र से पिस उठता है। धर्म के नाम पर इतना अत्याचार असह्य है। मन की अपार वेदना में संघस्थिवर को सम्बोधित करके वह कहती है–''तो मरूँगी स्थविर; किन्तु तुम्हारा यह काल्पनिक आडम्बरपूर्ण धर्म भी मरेगा। मनुष्यता का नाश करके कोई भी धर्म खड़ा नहीं रह सकता।''[12] यह बौद्ध धर्म के पतन की ओर ही संकेत नहीं करता, समस्त धर्मों को लक्ष्य करके एक सार्वभौमिक सत्य का प्रतिपादन करता है। सुजाता को धर्म के पतन से इतनी घृणा हो जाती है कि वह स्वयं उसके अधिष्ठात्र देवता से प्रश्न करती है–"देवता, यह उत्सव क्यों? क्या जीवन की यन्त्रणाओं से तुम्हारी पूजा का उपकरण संग्रह किया जा सकता है?''[13] अन्त में काला पहाड़ के अश्वारोहियों के आक्रमण से सुजाता के साथ-साथ उस कुत्सित धर्म का भी पतन हो जाता है।

'सलीम' कहानी मानवीयता का सच्चा प्रतीक है। हिन्दुस्तान से हिन्दू-मुसलमान लड़ाई से बचकर अफगानिस्तान आए हुए मुसलमान सलीम को नंदराम ने जो हिन्दू परिवार का था, शरण दे दिया। अफगानिस्तान में धर्म की विजय नहीं, मानवीयता की विजय प्रमुख है, लेकिन हिन्दुस्तान में धर्म की। इस पर चकित होकर सलीम कहता है–''मनुष्यता का एक पक्ष वह भी है जहाँ वर्ण, धर्म और देश से भूलकर मनुष्य, मनुष्य के लिए प्यार करता है।''[14] कहानी में जहाँ हिन्दू-मुसलमान संघर्षों की सामयिक विचारधारा का प्रभाव है, वहाँ साथ ही जाति-भेद से ऊँचे धरातल पर प्रेम और स्नेह की शक्तिमत्ता का प्रतिपादन हुआ है जो मानवता की आधार-भूमि है।

सामाजिक विषमता में भी मानवता के प्रति प्रसाद की आस्था 'गुंडा', 'छोटा जादूगर' और 'नीरा' कहानियों में दीख पड़ती है। परिस्थिति ही मनुष्य को दानव बना देती है। बाह्य रूपरेखा से, जीवन-चर्या से तन्हकू सिंह गुंडा था, पर उसके भी अन्तर में एक कोमल, मृदुल भावना छिपी हुई थी। उसे देखने की शक्ति किसी में

भी नहीं। उस कोमल भावना को देखने का अवसर भी न मिलता है और न प्रयत्न भी करता है। वास्तव में तन्हकू सिंह गुंडा होने पर भी एक मानवीय भावनाओं से युक्त पात्र है। उसका वह गुंडापन एक आवरण मात्र है। उचित परिस्थिति पाकर उसकी वह कोमलता भी जाग उठेगी और मानवीयता की सच्ची भावना समझी जा सकेगी। गुंडा तन्हूक सिंह समाज का एक प्रतिनिधि पात्र है। इसमें लेखक ने इसकी ओर इशारा किया है कि तन्हूक सिंह का वह गुंडापन एक बाहरीय रूपरेखा मात्र है। कहानीकार ने उस परिस्थिति को इन शब्दों में व्यक्त किया है—'जीवन की किसी अलभ्य अभिलाषा से वंचित होकर जैसे प्रायः लोग विरक्त हो जाते हैं, ठीक उसी तरह किसी मानसिक चोट से घायल होकर, एक प्रतिष्ठित जमींदार का पुत्र होने पर भी तन्हूक सिंह गुंडा हो गया था।'[15] राजमाता पन्ना को बचाने की उसकी तत्परता को देखकर ऐसा अनुमान किया जा सकता है कि बाल्यकाल में ही उसके मन में किसी के प्रति दृढ़ प्रेम था और उस प्रेम में मर्यादाबद्ध वीरता, साहस, गम्भीरता और आत्मोत्सर्ग की प्रेरणा देने वाली अपूर्व शक्ति है। एक गुंडा के मन में ऐसी शक्ति तभी बनी रहती है जब उसमें मानवता रहती है। गुंडा बनने की प्रेरणा देने वाली शक्ति, उसी प्रेम की नस में विचरण करती थी।

'गुंडा' व्यक्ति-जीवन की ही नहीं, एक शताब्दी की भी कहानी है। इसमें ईसा की अठारहवीं शती के अन्तिम भाग का वर्णन है। गौतम बुद्ध और शंकराचार्य के धर्म-दर्शन के वाद-विवाद, कई सदियों से लगातार होने वाले मन्दिर और मठों का ध्वंस और तपस्वियों के वध की ओर इसमें इशारा है। जीवन एक प्रकार से हत्यारा बन गया। यही उस खास समय की विशेषता है। 'यहाँ तक कि पवित्रता और छुआछूत में कट्टर वैष्णव धर्म भी उस विशृंखलता में, नवागन्तुक धर्मोन्माद में अपनी असफलता देखकर काशी में अघोर रूप धारण कर रहा था।'[16] नागरिक जीवन ने एक नए सम्प्रदाय की प्रतिष्ठा की—गुंडापन। 'अपनी बात पर मिटना, सिंह वृत्ति से जीविका ग्रहण करना, प्राण-भिक्षा माँगने वाले कायरों तथा चोट खाकर गिरे हुए प्रतिद्वन्द्वी पर शस्त्र न उठाना, सताए हुए निर्बलों की सहायता देना और प्रत्येक क्षण प्राणों को हथेली पर लिए घूमना, उसका बाना था।'[17] इस प्रकार गुंडा का जीवन एक प्रकार से सामाजिक-परिस्थिति-प्रधान है।

'छोटा जादूगर' में सामाजिक विषमता से उत्पन्न एक करुणा विवशता की भावना है जो मानों समाज की अमानवता पर व्यंग्य कर रही है। कहानीकार उसे विद्रोह की भावना पर न ले जाकर मानवीय संवेदना में समाप्त करता है। छोटा जादूगर अपनी माता की प्राण-रक्षा के लिए ही जीवन बिताता था। अपनी कमाई से जो कुछ मिलता था, वही जीवन रक्षा है। इसलिए वह कहता है—''तमाशा देखने नहीं, दिखाने

निकला हूँ। कुछ पैसे ले जाऊँगा तो माँ को पथ्य दूँगा। मुझे शरबत न पिला कर आपने मेरा खेल देख कर मुझे कुछ दे दिया होता, तो मुझे अधिक प्रसन्न होती।''[18] इस प्रकार एक करुण-विवशता की इस कहानी में प्रसाद ने एक दैनिक वृत्ति का सुन्दर चित्रण प्रस्तुत किया है। 'पत्थर की पुकार' नामक कहानी में प्रसाद ने समाज का एक सुन्दर चित्रण प्रस्तुत किया है। विमला जैसे अमीर लोग केवल पत्थर जैसे निर्जीव वस्तुओं के बारे में सोच रहे हैं, लेकिन न कि दयनीय गरीब आदमियों के बारे में। इस पर शिल्पी विमला से कहता है-''आप लोग अमीर आदमी हैं। अपने कोमल श्रवणेंद्रियों से पत्थर का रोना, लहरों का संगीत, पतन की हँसी इत्यादि कितनी सूक्ष्म बातें सुन लेते हैं, और उसकी पुकार में दत्तचित्त हो जाते हैं। करुणा से पुलकित हो जाते हैं, किन्तु कभी दुःखी हृदय के नीरव क्रन्दन को भी अन्तरात्मा के श्रवणेन्द्रियों को सुनने देते हैं, जो करुणा का काल्पनिक नहीं, किन्तु वास्तविक रूप है।''[19]

'नीरा' एक सामाजिक व्यंग्य भरी कहानी है। इसके वृद्ध के व्यक्तित्व में, उसकी ज़ीवन-कहानी में, उसके वचनों में समाज के प्रति तीखा और कटु व्यंग्य भरा हुआ है। साइकिल की चोट खाकर, दया में अठन्नी पाकर वह कहता है कि देखकर चलता तो अठन्नी कैसे मिलती? अमरनाथ के तर्कों का उत्तर देते हुए उत्तेजित होकर भगवान के अस्तित्व के प्रति वह जो अविश्वास प्रकट करती है, उसमें निरन्तर कष्टों के सहते रहने के कारण उत्पन्न विद्वेष और विद्रोह की गन्ध है-'मैं यह मानता हूँ कि सृष्टि विषमता से भरी है, चेष्टा करके भी इसमें आर्थिक या शारीरिक साम्य नहीं लाया जा सकता। हाँ तो भी ऐश्वर्य वालों को, जिन पर भगवान की पूर्ण कृपा है, अपनी सहृदयता से ईश्वर का विश्वास कराने का प्रयत्न करना चाहिए'।[20] फिर उच्च समाज के रंग-ढंग और सेवा भाव के ढोंग पर आक्षेप करते हुए देवनिवास पर वह सीधा प्रहार कर बैठता है-''क्या सचमुच तुम मेरी सेवा करना चाहते हो या...नीरा को, जिसे तुम बड़ी देर से देख रहे हो, अपने घर लिवा जाने की बड़ी उत्कंठा है।''[21] परिस्थितियों से विवश मानव-हृदय विद्रोह कर बैठता है, लेकिन उनके अनुकूल हो जाने पर वह अपने आप शान्त भी हो जाता है। ये कहानियाँ यद्यपि जीवन की साधारण गतिविधि से कुछ भिन्न अवश्य प्रतीत होती हैं, लेकिन इनमें मानवता के प्रति आस्था है, विश्वास है। जीवन को तात्विक बनाने के सिवा मानवतावादी बनाने के लिए 'प्रसाद' ने थोड़ा-सा प्रयत्न किया है। आदर्श को लेकर यथार्थता प्रदान करने की शक्ति 'प्रसाद' में है, जो तत्कालीन समाज की देन है। लोग समाज में धर्म, जाति या धोखे के लिए नहीं, बल्कि आन, अभिमान और आम-विश्वास को लेकर मनुष्य-समाज के लिए जीते हैं।

करुणा प्रधान कहानियाँ

प्रेम और करुणा को लेकर ही प्रसाद ने अधिकांश कहानियों की रचना की है वैयक्तिक दृष्टि से प्रेम जीवन का चरम आदर्श है तो करुणा मानवीय दृष्टि से। प्रेमपूर्ण कहानियाँ भी कभी-कभी करुणा से ही पूरित हो जाती हैं। प्रेम की कहानियाँ वेदना की विवृत्ति में करुणा का स्पर्श पा लेती हैं। बौद्ध दर्शन के प्रभाव से ही प्रसाद की कहानियों में यह करुणा की भावना जाग्रत हो उठी है। प्रेम का यह व्यक्ति-निरपेक्ष रूप है, विश्व-मानवता प्रेम है। 'गूदड़ यार्ड', 'ममता', 'मधुआ', 'करुणा की विजय' आदि इस कोटि की कहानियाँ हैं। समाज के दीन पात्रों को लेकर उनमें करुणा भरी दृष्टि से देखने में प्रसाद सफल हो गए हैं। करुणा मानव के मन में अंकुरित होने वाला प्रमुख भाव है। सामाजिक विषमता ही अधिकांश लोगों को करुणा के पात्र बनाती है।

प्रसाद की सामाजिक विषमता की यथार्थवादी कहानियों पर प्रेमचंद का प्रभाव दिखाई पड़ता है। प्रसाद की वास्तविक प्रवृत्ति और सामाजिक जीवन की समस्याओं के प्रति उनकी दृष्टि ही यहाँ स्पष्ट रूप से देखी जा सकती है। यहाँ करुणा अपने शुद्ध वैयक्तिक रूप में नहीं मिलती, सम्पूर्ण मानव-समाज के द्योतक के रूप में ही पाई जाती है। इन कहानियों में पात्र के आन्तरिक और बाह्य दोनों भावों का सुन्दर चित्रण किया गया है। समाज के जिस स्तर पर इन पात्रों को लिया गया है, उसके मूल में स्वयं लेखक की मानवीय करुणा की आर्द्रता छिपी है। कुछ ऐसे सन्त हैं जो बाह्य रूप से सच हैं और आन्तरिक रूप से कपट। लेकिन आन्तरिक और बाह्य दोनों प्रकारों से जो सत्य हैं, वे ही संन्यासी कहने योग्य हैं। मोहन के पिता को, आधुनिक नवयुवकों की तरह ढोंगी फकीरों से साधारण और स्वाभाविक चिढ़ थी, पर बालकों के प्रति गूदड़ साईं की ममता को देखकर उनको कहना ही पड़ा कि वह निरा गूदड़ नहीं, गूदड़ का लाल है। साईं कहता है—"इस चीथड़े को लेकर भागते हैं भगवान और मैं उनसे लड़कर छीन लेता हूँ, रखता हूँ फिर उन्हीं से छिनवाने के लिए, उनके मनोविनोद के लिए। सोने का खिलौना तो उचक्के भी छीनते हैं, पर चीथड़ों पर भगवान ही दया करते हैं।"[22]

'मधुआ' सामाजिक और यथार्थवादी होने पर भी उसका अन्तर मानवता और करुणा की उदात्त भावनाओं से प्रभावित व्यक्तिवादी है। कभी-कभी सामाजिक आवश्यकताओं या परिस्थितियों से पात्रों का जीवन-परिवर्तित हो जाता है। लेकिन यहाँ शराबी के जीवन का परिवर्तन करुणा की भावना से हुआ है। कहानी में यथार्थवादी चित्रण है ही, तो भी सुधारवादी दृष्टिकोण से प्रसाद ने मानसिक सुधार नहीं बताया

है। कहानी में एक प्रकार से इशारा ही किया गया है कि शराबी के जीवन का परिवर्तन करुणा की भावना से है। समाज में जो यथार्थ जीवन प्रचलित था, उसका चित्रण 'मधुआ' में हुआ है। शराबी शराब पीने का मतलब ठाकुर सिंह को बता देता है- 'तब भी दुनिया बड़ी पागल है। मैं उसके पागलपन को भुलाने के लिए शराब पीने लगता हूँ—सरकार। नहीं तो यह बुरी बला कौन अपने गले लगाता।'[23] दुनिया को ऐसी परिस्थिति ही मानव को शराबी तक बना देती है। शराबी के मन में भी करुणा की भावना जाग उठती है। वह कहता है—"किसने ऐसे सुकुमार फूलों को कष्ट देने के लिए निर्दयता की सृष्टि की। आह री नियति! तब इसको लेकर मुझे घर-बारी बनना पड़ेगा क्या।"[24] एक अमीर के यहाँ जाने पर भी बालक को कुछ भी न खाने को मिलता है, लेकिन शराबी उसे खूब खिलाता-पिलाता है और करुणा-भरी दृष्टि से उसकी रक्षा करता है। यहाँ करुणा को सामाजिक विषमता से उत्पन्न बताया गया है। सामाजिक परिस्थिति ही मानव को नीच-स्तर का भी बना देती है।

'ममता' कहानी में ममता एक ऐसी पात्र है जिसके मन में कर्तव्य और दया का भाव उत्पन्न हो जाता है। उसका मन वैयक्तिक स्वार्थ से परे है। अपने पिता का वध करने वाले मुसलमान को अपनी कुटी में आश्रय देकर मानव-धर्म का पालन करती है। व्यक्ति-स्वार्थ जन्य प्रतिहिंसा की भावना पर ममता की विजय हो जाती है। कर्तव्य और दया के द्वन्द्व से ममता अपने आप विचार कर रही थी—'मैं ब्राह्मणी हूँ, मुझे तो अपने धर्म-अतिथि देव की उपासना का पालन करना चाहिए। परन्तु यहाँ...नहीं-नहीं सब विधर्मी दया के पात्र नहीं। परन्तु यह दया तो नहीं...कर्तव्य करना है। तब?'[25] कर्तव्य की अपेक्षा करुणा की प्रमुखता प्रसाद ने दी है और बताया है कि मानव धर्म और जीवन का ही चरम उद्देश्य करुणा में निहित है।

'करुणा की विजय' भी करुणा जन्य प्रसंग की कहानी है। परिस्थिति रामकली को जीवन बिताने नहीं देती, और अन्त में न्यायाधीश अपराधी मोहन से कहता है—"सिर काटती है तलवार, किन्तु वही सिर काटने के अपराध में नहीं तोड़ी जाती है।".....उधर अमीर लोग पंखे के नीचे विश्राम लेते थे और हम जैसे गरीब इधर सड़क पर। जीवन अमीरी-गरीबी पर अवलम्बित है। लेकिन मानवता की बात तभी उठती है जब परिस्थिति उसको छोड़ती नहीं। 'करुणा की विजय' में प्रसाद ने करुणा की विजय ही दिखाई है।

सामाजिक विषमता की यथार्थवादी कहानियाँ

सामाजिक विषमता की ओर संकेत और उसे प्रत्यक्ष जीवन की वास्तविकता के धरातल पर यथातथ्य रूप में चित्रित करना, प्रसाद की यथार्थवादी कहानियों की विशेषता

है। प्रसाद की कहानियों में यथार्थवाद के रूप में वस्तु और विधान ही पाए जाते हैं। वे व्यक्तिवादी बने रहे। प्रसाद की कुछ ऐसी भी सामाजिक विषमता की कहानियाँ हैं जिनकी दृष्टि शुद्ध व्यक्तिवादी और पद्धति स्वच्छन्दतावादी भावात्मक है। 'प्रतिध्वनि' और 'आकाशदीप' में संगृहीत 'दुखिया' और 'भिखारिन' इसी तरह की हैं। 'छाया' की 'ग्राम' इतिवृत्तात्मक सामाजिक विषमता की कहानी है। इस कहानी को आधुनिक अर्थ में यथार्थवादी शैली की नहीं कहा जा सकता, क्योंकि इसकी रचना आकस्मिक घटनाओं और संयोगों के आधार पर हुई है। इन कहानियों में सामाजिक विषमता कई रूपों में आती है—धार्मिक, आर्थिक आदि।

सामाजिक कहानियों में प्रसाद ने दीन-दरिद्र, असहाय, पीड़ित लोगों का यथार्थ चित्रण किया है और उनके प्रति संवेदना भी प्रकट की है। 'भीख में' कहानी में कभी-कभी निराशा की भावना भी तीव्र हो उठी है। मनुष्य जीवन में सुख और शान्ति चाहता है। लेकिन अकसर यही होता है कि दुःख ही जीवन बन जाता है। परिस्थिति वश भिखारी बनने वाले ब्रजराज को भीख में भी वह शान्ति नहीं मिली। ड्राइवर ब्रजराज अन्त में भिखारी बन जाता है और भिखारी ब्रजराज को भीख माँगने भी नहीं देता। यहाँ कहानीकार ने दुष्ट, नीच समाज का यथार्थ चित्रण किया है और कहा है कि पहले मानव को समाज में चैन से रहने देना है जिससे उसका जीवन निराशापूर्ण न हो जाए। 'भिखारिन' कहानी में समाज के प्रति एक तीखा व्यंग्य ही नहीं बल्कि प्रसाद के मन में उसके निर्लिप्त व्यक्तित्व के प्रति एक आकर्षण भी है। एक युवती बनने के कारण भिखारिन को समाज में रहने न देता है, बल्कि उसका परिहास करते रहते हैं। उसे जीवन में भिक्षा के बदले तिरस्कार भिखारिन की दीन दशा का वर्णन है—भिखारिन की पोटेली के चावल फटे कपड़े के छिद्र से गिर रहे थे। उन्हें सँभालते हुए उसने कहा—"बाबू जी, पेट के लिए"।[26] निर्मल के उत्तर के रूप में भिखारिन का यह कथन सामाजिक दीनता ही है। निर्मल की भाभी के मन में भिखारिन एक साधारण मानव है जो भीख देती भी नहीं और देने के लिए भी नहीं देता। जब निर्मल ने भिखारिन से ब्याह करने की असन्तुलित बात कही तो भिखारिन उनकी अमीरी और ब्याह की बात की हँसी उड़ाती हुई कहती है—"दो दिन माँगने पर भी तुम लोगों से एक पैसा तो देते नहीं बना, फिर गाली क्यों देते हो बाबू? ब्याह करके निभाना तो बड़ी दूर की बात है।"[27] परिहास करने पर भी सब कुछ सहकर आँसू पीने वाली भिखारिन समाज की दीन-दशा की सुन्दर प्रतिमा है। लोग उन्हें भीख माँगने देते भी नहीं और परिहास भी करते हैं।

प्रसाद 'विराम-चिह्न' में एक समाज-सुधारक का ही काम करते हैं। उसमें प्रसाद ने हरिजनों को धार्मिक समस्या के साथ एक अपूर्व मानवीय व्यक्तित्व की सृष्टि

की है। दो या तीन दिनों से उपवास करने वाली बुढ़िया, ईश्वर पर ज़ोर, विश्वास फिर भी रखती है। लेकिन समाज की अजीब बात यह है कि हरिजन होने के कारण वह भगवान के दर्शन के लिए मन्दिर नहीं जा सकती। महन्तजी के जमींदार कुंज ने बुढ़िया के बेटे राधे को मन्दिर प्रवेश की बात सुनकर बुढ़िया से कहा–"सुना है कि कल तेरा लड़का कुछ अछूतों के साथ मन्दिर में घुसकर दर्शन करने जाएगा।...नहीं मैं तुझसे कहे देता हूँ, अपनी खोपड़ी सँभालकर रखने के लिए उसे समझा देना। नहीं तो तेरी और उसकी, दोनों की दुर्दशा हो जाएगी।"[28] मन्दिर में प्रवेश करने भी नहीं देता, उसके सिवा उन्हें जीवन बिताने भी नहीं देता है। बुढ़िया तीन दिन की दीन स्थिति राधे को सुनाती है–"नहीं बेटा! आज तीन दिन से पैसे नहीं मिले। चावल है नहीं।"[29] इस प्रकार 'विराम-चिह्न' समाज का एक यथार्थ चित्रण ही है। पूर्व संस्कारों के कारण अपने को मन्दिर में प्रवेश करने लिए अयोग्य समझकर बुढ़िया देहली पर रुक जाती है। यहाँ हरिजन के मन्दिर-प्रवेश की समस्या चरम सीमा पर ले जाकर कहानी का अन्त हो गया है।

'दुखिया', 'प्रतिध्वनि' संग्रह की एक सामाजिक यथार्थवादी कहानी है जिसमें दुखिया के घर की दीन-स्थिति और सहायता करने पर भी राज परिवार में घास ल।ने की देरी पर काम नष्ट हो जाने की ओर इशारा किया है। दुखिया एक दीन परिवार की लड़की है। उसके घर की स्थिति देखिए–'एक फूटी बरुली, एक लोहंदी और लोटा, यही उस दीन परिवार का उपकरण था।'[30] दुखिया जमींदार के यहाँ घास ले जाती थी। लेकिन एक दिन राजकुमार घोड़े से गिर पड़ा और दुखिया ने उसकी सहायता की। लेकिन देर से घास लाने पर राज-परिवार से उसका काम नष्ट हो जाता है। दुखिया की इस दीन-स्थिति की कहानी है दुखिया।

'प्रतिमा' कहानी में प्रसाद ने कुंजनाथ के चरित्र-चित्रण द्वारा समाज का एक यथार्थवादी चित्र खींच लिया है। मनुष्य समाज का यह चित्र समाज का प्रतिनिधित्व करता है–'मनुष्य इतना पतित कभी न होता, यदि समाज उसे न बना देता। मैं अब इस कंकाल समाज से कोई सम्बन्ध न रखूँगा। जिसके साथ स्नेह करो वही कपट रखता है, जिसे अपना समझो वही कतरनी लिए रहता है। ओह, हम विद्वेष करके इतने क्रूर बना दिए गए हैं, हमें लोगों ने, बुरा बना दिया है। अपने स्वार्थ के लिए, हम कदापि इतने दुष्ट नहीं हो सकते थे। हमारी शुद्ध आत्मा में किस ने विष मिला दिया है, कलुषित कर दिया है, किसने कपट, चातुरी, प्रवंजना सिखाई है। इसी पैशाची समाज ने, इसे छोड़ना होगा। किसी से सम्बन्ध हीन रहेगा तो फिर विद्वेष का मूल ही न रह जाएगा। चलो आज से इसे तिलांजलि दे दो। बस...'[31] युवक कुंजनाथ का यह कथन समाज का खुला चित्र ही है जो मानव को परिस्थिति

के अनुसार बदलने के लिए पढ़ाता है। इस समाज को दूर फेंकने की आशा ही प्रसाद के मन में रहती है। समाज में चलने वाली एक अन्य समस्या है धार्मिक। शिवपूजा करने वाली रजनी अपनी माता से कहती है कि पूजा किए बिना मैं जल तक नहीं पिऊँगी। तो माँ उत्तर में कहती है–''धर्म की ऐसी कड़ी आज्ञा नहीं है कि वह स्वास्थ्य को नष्ट करके पालन की जाए।''[32] कहानी के अन्त में कुंजनाथ का मन यह भी बकता है कि दरिद्र कन्या से ब्याह करके उन्हें समाज में सिर नीचा करना पड़ा था। ऐसे समाज का अन्त होना है, नहीं तो बदलना ही है।

इन सामाजिक कहानियों में प्रसाद ने जीवन का यथार्थ रूप प्रस्तुत किया है। सामाजिक विषमता की इन कहानियों में जीवन की समस्याओं को सुलझाने का प्रयत्न करते हुए जीवन की व्यापकता और अनिवार्यता की ओर संकेत किया है। समाज ही मानव को सभी प्रकार की नीच वृत्ति के लिए बदल देता है। इस दीन, दरिद्र, जीवन की यथार्थता को कलात्मक सजीवता के साथ प्रसाद ने प्रस्तुत किया है।

समाज के प्रति विद्रोह

समाज मनुष्य के जीवन के लिए एक स्तर मात्र है। वह समाज में जीवन बिताता है और समाज से ही सब कुछ पढ़ता है। लेकिन कभी-कभी ऐसा भी होता है कि समाज ही सारे दुःख का कारण बन जाता है चाहे वह आर्थिक, धार्मिक या कोई भी हो। 'सालवती' कहानी में सालवती से वृद्ध पिता कहते हैं–''आर्थिक पराधीनता ही संसार में दुःख का कारण है। मनुष्य को उससे मुक्ति पानी चाहिए, मेरा इसलिए उपास्य है स्वर्ण।''[33] इस प्रकार सालवती कहानी में एक दरिद्र परिवार की दयनीय दशा के वर्णन द्वारा सामाजिक समस्या को सुलझा दिया गया है।

'विजया' एक सामाजिक यथार्थवादी कहानी है। इसमें कहानीकार ने यह सूचित किया है कि रुपया मनुष्य पैदा करता है, लेकिन रुपया मनुष्य को पैदा नहीं कर सकता। कमल की सारी सम्पत्ति बिक चुकी थी, बच गया एक रुपया। तब कमल ने इसकी ओर इशारा करके कहा कि समाज में रुपयों का कोई मूल्य नहीं है। सुन्दरी का कथन है–'समाज से डरो मत। अत्याचारी समाज पाप कहकर दोनों हाथ रखकर चिल्लाता है, वह पाप का शब्द दूसरों को सुनाई पड़ता है; पर वह स्वयं नहीं सुनता। आओ चलो हम उसे दिखा दें, कि वह भ्रान्त है। मैं चार आने का परिश्रम प्रतिदिन करती हूँ। तुम भी सिलावर के गहने माँज कर कुछ कमा सकते हो। थोड़े से परिश्रम से एक अच्छी गृहस्थी चला लेंगे।'[34] इस प्रकार कहानीकार ने अत्याचारी समाज के प्रति तीखा बाण छोड़ा है।

'व्रत भंग' एक सामाजिक यथार्थवाद की मुख-छाया है। इसमें अमीरी-गरीबी

की समस्या मुखर हो उठी है। नन्दन अमीर कलश का पुत्र है जो राधा देवी से विवाह करता है। परिस्थिति ने ही राधा को नन्दन से विवाह करने के लिए विवश कर दिया था। गुरुजनों के इष्ट के अनुसार अन्त में राधा को इसके लिए मज़बूर होना पडा। वह कहती है–''किसी अन्य प्रकार से गुरुजनों की इच्छा को टाल देना यह मेरी करुणा के प्रतिकूल है, महादेवी।''[35] कपिंजल एक संन्यासी बनकर जीवन बिताता था। उसने कलश से कहा कि राधा कुल के लिए नाशकारी है, उसे घर से दूर भगाना। जब कलश ने यह बात राधा से पूछी तो वह कह उठती है–''जो स्त्रियों को आते देखकर भी साधारण शिष्टाचार का पालन नहीं कर सकता, वह धार्मिक महात्मा तो कदापि नहीं।''[36] राधा फिर भी कहती है–''सिद्धि यदि इतनी अधम है, धर्म यदि इतना निर्लज्ज है, तो वह स्त्रियों के योग्य नहीं पिताजी। धर्म के रूप में कहीं आप भय की उपासना तो नहीं कर रहे हैं।''[37] ऐश्वर्य का यान्त्रिक शासन ही जीवन को निराशापूर्ण बना देता है। कहानी का अन्त कपिंजल की रक्षा के बाद होता है। नंदन का कथन है–'कपन्जल। आज तो हम और तुम दोनों बराबर और इतने अधर्मों के प्राणों का दायित्व भी हमीं लोगों पर है। यह व्रत-भंग नहीं, व्रत का आरम्भ है। चलो, इस दरिद्र कुटुम्ब के लिए अन्न जुटाना होगा।'[38] बाढ़ से कपिंजल की रक्षा नंदन और राधा करते हैं और सभी मान-जाति को एक समान देखने के लिए बाध्य हो गए। धन ही सारे समाज को क्रूर बना देता है। समाज में अमीरी-गरीबी की बात ही नहीं, सभी समान हैं। 'नीरा' कहानी में एक ऐसे व्यक्ति का चित्रण है जो आर्थिक कठिनाइयों, वैषम्यों और द्वन्द्वों के कारण नास्तिक और तार्किक हो गया था, किन्तु अन्त में देवनिवास उसकी कन्या से ब्याह कर उसके दायित्व को सँभालने का आश्वासन देता है तो उस मरणासन्न व्यक्ति की अन्तरात्मा ईश्वर में आस्था प्रकट कर देती है।

आर्थिक पराधीनता ही मनुष्य को कष्ट देती है। मधुआ की स्थिति ऐसी है। वह कहता है–''मार तो रोज़ ही खाता हूँ। आज तो खाना ही नहीं मिला। कुँवर साहब की ओवर कोट लिए खेल में दिन भर साथ रहा। सात बजे लौटा तो और भी नौ बजे तक कुछ काम करना पड़ा। आटा नहीं रख सका था। रोटी बनती तो कैसे?''[39] इस प्रकार 'प्रसाद' की ऐसी अनेक कहानियाँ हैं जिनमें समाज के प्रति विद्रोह है, कटु व्यंग्य है।

सामाजिक रीति-रिवाज़

प्रसाद की कहानियों की पृष्ठभूमि समाज ही है। परम्परा से जो प्रथा समाज में चलती थी, उसके आधार पर ही उन्होंने कहानियाँ लिखी हैं। 'प्रसाद' ने परम्परा को तोड़कर

कहानियों में आधुनिकता लाने का प्रयत्न किया, फिर भी वे पूर्ण रूप से उससे मुक्त नहीं हुए, क्योंकि समाज के बिना कहानियों का अस्तित्व नहीं और वहीं मनुष्य का सब कुछ है। परम्परा के अनुसार उन्होंने अपनी कहानियों की पृष्ठभूमि बनाई। सामाजिक प्रथाओं को ही उन्होंने रीति-रिवाज़ में प्रमुख रूप से अपनाया है।

1. गृहस्थ की अवधि को पूर्ण कर वानप्रस्थाश्रम का आरम्भ होता है। इसके अनुसार व्यक्ति अपने राजपरिवार, सुख-सम्पत्ति, यश-वैभव, पारिवारिक सुख इतना ही नहीं, अपने सोने के संसार को भी पैरों से ठुकरा कर वैराग्य धारण कर लेता है। वैरागी अतिथियों की सेवा के लिए तृण-कुटीर का सहारा लेता है। 'वैरागी' कहानी में लिखा है—"यह एक वैरागी की कुटी थी, और तृण-कुटीर—उस पर लता-वितान, कुशासन और कम्बल, कमंडल और बल्कल उतने ही अभिराम थे, जितने किसी राज-मन्दिर में कला-कुशल शिल्पी के उत्तम शिल्प।"[40]

विभिन्न मानवीय स्थितियों का 'प्रसाद' ने 'आँधी' कहानी में उल्लेख किया है। उसमें प्रज्ञासारथि भिक्षु से कहता है—"मैं तो ब्रह्मचर्य में हूँ। विध्याभ्यास और धर्म का अनुशीलन कर रहा हूँ। यदि मैं चाहूँ तो प्रव्रज्या ले सकता हूँ, नहीं तो गृही बनने में कोई धार्मिक आपत्ति नहीं। सिंहल में तो यही प्रथा प्रचलित है। मेरे विचार से यह प्राचीन आर्य-प्रथा भी थी। मैं गार्हस्थ्य जीवन से परिचित होना चाहता हूँ।"[41] यहाँ गार्हस्थ्य जीवन पर बल दिया है। आर्य और सिंहल की प्रथा का उल्लेख भी कहानी में है।

2. 'मनुस्मृति' के अनुसार वर और कन्या की स्वेच्छा से जो विवाह होता है, वही इस कोटि में आता है। 'प्रणय-चिह्न' कहानी में पथिक और रमणी का विवाह इस प्रकार का है। बाल-विवाह समाज में प्रचलित एक सर्वप्रधान प्रथा थी। 'चन्दा' कहानी में एक वृद्ध जिसे पिता तुल्य मान सकते हैं, चन्दा का विवाह हीरा से कर देता है। जहाँ राजा लोग निम्न वर्ग के अर्थात् दरिद्र कन्याओं से शादी करते हैं तो उसका नाम है 'आसुर-विवाह'। 'इन्द्रजाल' कहानी में बेला को धन के लोभ से दलपति मैकू पहले भूरे को तथा बाद में ठाकुर को दे देता है। विधवा-विवाह भी समाज में प्रचलित था। 'प्रसाद' ने मदन की माँ तथा रोहितास दुर्ग के मन्त्री चूड़ामणि की दुहिता ममता को विधवा बतलाया है। 'हिन्दू-विधवा संसार में सबसे तुच्छ निराश्रय प्राणी है—तब उसकी विडम्बना का कहाँ अन्त था।'[42] यहाँ हिन्दू विधवा ममता को सबसे तुच्छ या नीच प्राणी माना है।

'आँधी' कहानी में हिन्दू-समाज में होने वाली विवाह-प्रथा का वर्णन है। रामेश्वर के विवाह का वर्णन श्रीनाथ यों करता है—'रामेश्वर के हाथ के ऊपर मालती की पीली हथेली, जिसके ऊपर जलधारा पड़ रही थी। सचमुच यह सम्बन्ध कितना शीतल

हुआ। उस समय मैं हँस रहा था, बालिका मालती और किशोर रामेश्वर। हिन्दू समाज का यह परिहास-यह शोषण मनोविनोद।'[43] यहाँ कहानीकार ने यह बात स्पष्ट चित्रित करने का प्रयास किया है कि बालिका विवाह हिन्दू समाज में अकसर होता था जिसकी रीति का भी यहाँ वर्णन है। यहाँ मालती बालिका और किशोर है रामेश्वर। यह एक अनमेल विवाह भी है।

3. प्राचीन काल में नारी के पुनर्विवाह की प्रथा प्रचलित थी। 'चित्तौड़-उद्धार' में मालदेव की पुत्री राजकुमारी, जो सात वर्ष की अवस्था में विधवा हो गई थी, का विवाह पुनः हम्मीर से करवाया है। 'विजया' कहानी में विधवा-विवाह का समर्थन कर मानववादी दृष्टिकोण प्रस्तुत किया गया है। सम्पन्न अवस्था की विलास-वासना अभाव के थपेड़े से पुण्य में परिणत हो गई। 'छाया' संग्रह की अन्तिम कहानी है 'मदन मृणालिनी'। यह एक प्रकार से नवीनता से युक्त कहानी है। इसमें भारत का एक व्यक्ति जो अपने परिवार से विदा लेकर सीलोन के एक महाशय अमरनाथ, उसके पुत्र किशोरनाथ बनर्जी, कन्या मृणालिनी और गृहिणी हीरामणी के साथ सीलोन जाता है। समाज में एक ऐसी प्रथा थी कि एक व्यक्ति जो सीलोन का है या वहाँ व्यापार करता है, उसको समाज में एक टेढ़ी दृष्टि से ही लोग देखते हैं। लेकिन अमरनाथ का कथन है—'ऐसे समाज की मुझे कोई परवाह नहीं है। मैं तो केवल लड़की और लड़के का ब्याह अपनी जाति में करना चाहता था। क्या टापुओं में जाकर लोग पहले बनिज नहीं करते थे? मैंने कोई अन्य धर्म तो ग्रहण नहीं किया, फिर यह व्यर्थ का आडम्बर है?'[44] लेकिन अन्त में एक भारतीय होने के नाते मदन जो मृणालिनी से प्रेम करता था, उसको छोड़कर भारत में ही लौट आता है। इसमें यह भी व्यक्त किया गया है कि समाज एक व्यक्ति को विभिन्न वृत्तियों के करने या न करने में भी प्रेरणा देता है। 'समाज, राज्य और धर्म के विशेष परिवर्तन रूपी पट में इसकी मनोहर मूर्ति और भी सलोनी दीख पड़ती है। मनुष्य बहुप्रेमी क्यों हो जाता है? मानवों की प्रवृत्ति क्यों दिन-रात बदला करती है। बगर-निवासियों को पहाड़ी घाटियाँ क्यों सौन्दर्यमयी प्रतीत होती हैं? विदेशी पर्यटन में क्यों मनोरंजन होता है? मनुष्य क्यों उत्साहित होता है? इत्यादि प्रश्नों के उत्तर में केवल यही कहा जा सकता है कि नवीनता की प्रेरणा'।[45] इस प्रकार कहानी सामाजिक है।

दाम्पत्य प्रेम

दाम्पत्य प्रेम भारतीय नारी के अनुकूल है जो अपने पति के लिए आत्मोत्सर्ग करने में अपना परम सौभाग्य समझती है। 'आँधी' कहानी में रामेश्वर और मालती का दाम्पत्य जीवन कितना सफल है। उसमें बतलाया गया है कि 'रामेश्वर एक सफल

कदम्ब है, जिसके ऊपर मालती की लता अपनी सैकड़ों उलझनों से, आनन्द की छाया और आलिंगन का स्नेह-सुरभि डाल रही है।'[46] दोनों का दाम्पत्य जीवन कितना विनोद-प्रिय है, श्रीनाथ के शब्दों में–'बालिका मालती और किशोर रामेश्वर। हिन्दू समाज का एक परिहास-एक भीषण मनोविनोद। ये भी मैंने देखा, कहीं भूचाल नहीं हुआ, कहीं ज्वालामुखी नहीं फूटा। बहिया ने कोई गाँव बहाया नहीं।'[47] 'कलावती की शिक्षा' कहानी में कलावती और श्यामसुन्दर दाम्पत्य-प्रेम अत्यन्त ऊँचा है। कलावती पति-प्रेम के कारण ही उससे अगले जन्म में मिलने की बात करती है।

'चूड़ीवाली' में भारतीय गार्हस्थ्य जीवन और गृहिणी की उज्ज्वल गौरव-गरिमा की व्यंजना है। भारतीय कुल-बन्धुत्व की गरिमा सेवा में निहित है, विलास में नहीं। इसमें विलास का अनन्त यौवन है, किन्तु यह स्थूल शारीरिक बन्धन मात्र में पर्यवसित नहीं होता है। गार्हस्थ्य जीवन उसके लिए प्रचुर उपकरण प्रस्तुत करता है। इसीलिए वह प्रेय है और श्रेय भी। जब तक रूप के प्रति आकर्षण रहता है तब तक द्वैत भावना तिरोहित नहीं हो सकती। आत्म-चेतना के द्वारा जब आसक्तियाँ विनष्ट होती हैं, तब ही समरस होकर इसमें अद्वैत भावना जाग्रत होती है। 'परिवर्तन' में शिक्षित वर्ग के दाम्पत्य-जीवन पर व्यंग्य किया गया है जहाँ केवल कृत्रिमता, आडम्बर और नैराश्य के कारण जीवन का आनन्द ही नष्ट हो गया। किन्तु एक पहाड़ी युवती परिचारिका के मतों ने उनकी सम्पूर्ण आदर्शवादिता में परिवर्तन उपस्थित कर दिया। 'सहयोग' में दाम्पत्य जीवन के पति-पत्नी सहयोग की अनिवार्यता पर जोर है। प्रतिदिन मूल की अविच्छिन्न शृंखला से मानव-जीवन आबद्ध हो जाता है। अतः कुप्रवृत्तियों की उत्तेजना का दमन आवश्यक है, अन्यथा दाम्पत्य जीवन का मांगल्य नष्ट हो सकता है।

नारी आदर्श

प्रसाद-साहित्य की प्रमुख विशेषता यह है कि उनके सारे पात्र आदर्श से युक्त हैं और वे पुरुषों के हाथ की कठपुतली नहीं बल्कि उनका भी अपना स्वतन्त्र अस्तित्व है। अपनी गहन अनुभूति और अध्ययन की विविधता के कारण उन्होंने अपने कहानी-साहित्य में भी नारी का आदर्श रूप प्रस्तुत किया है। इसके लिए प्रसाद ने ऐतिहासिकता तथा अन्य पात्रों में अपनी कल्पनामयी तूलिका से रंग भरे हैं। कहानी-साहित्य में तारा, घंटी, गाला, तितली, शैला, नूरी, सालवती, ममता, मधुलिका तथा चूड़ीवाली ऐसी पात्र हैं जो अपने आदर्शों को सुरक्षित रखने के लिए अन्त तक प्रयत्नशील रहती हैं। 'पुरस्कार' कहानी में प्रसाद ने मधुलिका के चरित्र में प्रेम और कर्तव्य के द्वन्द्व को अंकित किया है। परन्तु प्रेम उनके कर्तव्य में बाधक सिद्ध नहीं होता, वह अपने दायित्व की समाप्ति पर पुनः अरुण के साथ प्राणदंड माँग कर आदर्श प्रेम को स्थान देती है। 'चित्र-मन्दिर' कहानी नारी के आदर्श को ऊपर

उठाने वाली है। उसमें विन्ध्य-पर्वत का वर्णन और तत्कालीन युग के नारी जो शस्त्रों से आखेट करते थे, को चित्रित किया है। नारियाँ भी कभी-कभी जन्तुओं को पकड़ने में अभ्यस्त हो रही थीं। एक स्त्री का हृदय करुणा-कलित है। उसके लिए जीवन रोने के लिए मात्र है। असली जीवन के बारे में युवती कहती है—'मनुष्य जीवन की ये दोनों अभिव्यक्तियाँ उसके सामने कहाँ से आईं। वह रोती थी और हँसती थी, हँसती थी फिर रोती थी।'[48]

ग्राम जीवन

प्रसाद अपनी कहानियों में गाँव और शहर के रीति-रिवाज, रहन-सहन, मिलना-जुलना सब कुछ देखकर ऐसे निष्कर्ष पर पहुँच गए हैं कि ग्राम जीवन ही श्रेष्ठ है। उन्होंने अपनी कहानी 'ग्राम' में इन दोनों को लेकर ग्राम्य-जीवन की श्रेष्ठता पर ज़ोर दिया है। बाबू मोहनलाल जो एक शहरी आदमी है, उसकी वेश-भूषा का वर्णन प्रसाद ने क्यों किया है—विलायती पिक का वृचिस पहने, बूट चढ़ाये, हटिंग कोट, धानी रंग का साफा अँग्रेज़ी हिन्दुस्तानी का महासम्मेलन बाबू साहब के अंग पर दिखाई पड़ रहा है। गौर वर्ण, उन्नत ललाट, उसकी आभा को बढ़ा रहे हैं।[49] रास्ता भूलकर कुसुमपुर जानेवाला मोहन एक ग्राम में पहुँच जाता है। वहाँ का रहन-सहन उसे आकर्षित करता है और वह ग्रामीण जीवन में तल्लीन हो जाता है। गाँव में रहने वाले निर्धन लोगों को ज़मींदार लोग जीवन बिताने भी नहीं देते हैं। गाँव की एक वृद्ध माता शहर के महाजन कुन्दनलाल से शोषित किए अपने पति की कथा मोहन को सुनाती है। शहर के लोग अकसर गाँव के लोगों का शोषण करते ही जीवन बिताते हैं। इस कहानी में महाजनों के शोषण की व्यवस्था और ज़मींदारी प्रथा पर प्रकाश डाला गया है। इतना भी होता है कि उस वृद्धा का पति ज़मींदार कुन्दनलाल के कठोर-कृत्य से मर जाता है। यदि कुछ ज़मींदार शोषक हैं तो कुछ ऐसे भी ज़मींदार हैं जो धर्मात्मा हैं। वृद्धा कहती है—"यहाँ के ज़मींदार धर्मात्मा हैं, उन्होंने कुछ सामान्य 'कर' पर यह भूमि दी है, उसी से हमारी जीविका है।..."[50] इस प्रकार तत्कालीन समाज में प्रचलित ज़मींदारी प्रथा और महाजनों से शोषित किसानों का सुन्दर वर्णन यहाँ किया गया है।

'शरणागत' कहानी में यही बात सूचित की गई है कि सिपाहियों के विद्रोह से लूटकर प्रजा, दुःखी होकर ज़मींदार से दुःख कथा सुना देती है। दयालु ज़मींदार किशोर सिंह ने उनके खाने-पीने का प्रबन्ध करने के लिए कर्मचारियों को आज्ञा दी। इसमें भारतीय स्त्रियों की संस्कृति का भी सुन्दर चित्रण है, जो भारत की अपनी सामाजिकता है। भारत की जो सामाजिक व्यवस्था है, वह अंग्रेजों के लिए नवीन है।

वेश्या और दास्यवृत्ति

प्रतिकूल सामाजिक परिस्थितियाँ ही एक स्त्री को वेश्या तक बनने के लिए विवश करती हैं। एक औरत वेश्या तभी बनती है जब उसे घर में समानादर नहीं मिलता है या आर्थिक परिस्थिति बिगड़ जाती है। अकसर यही होता है कि उसे घर छोड़कर जाना पड़ता है और कहीं जाकर वेश्यावृत्ति करनी पड़ती है। 'सालवती' में प्रसाद ने इसकी ओर इशारा किया है। सालवती एक प्राचीन आदर्श कुलपुत्री थी। वह कुल की रक्षा के लिए राजकुमार अभयकुमार को भी छोड़ देती है। वेश्यावृत्ति की ओर इशारा करते हुए आठों कुलपुत्रों ने अभयकुमार का साथ देते हुए कहा—"जो अनुपम सौन्दर्य नहीं उसे वेश्या बनाना सौन्दर्य बोध का अपमान करना है। वैशाली में अब वेश्याओं की अधिक आवश्यकता थी।"[51] इस प्रकार समाज की परिस्थिति ही मनुष्य को नीच से नीच कार्य भी करने के लिए विवश कर देती है। 'सालवती' प्राचीन वैशाली में सौन्दर्य प्रतिद्वन्द्विता की रोचक कहानी है। स्त्री जाति के लिए आर्थिक पराधीनता से घृणित कोई स्थिति नहीं है। वास्तव में आर्थिक पराधीनता सब के लिए बड़े दुःख का कारण है, विशेषतः स्त्री के सम्बन्ध में तो यह विष तुल्य ही है। सालवती वरवश वेश्या बना दी जाती है, पर वह अन्ततः इस घिनौनी सामाजिक त्रुटि का उन्मूलन करती है। इस कहानी में वेश्यावृत्ति की समस्या के अलावा सामाजिक अर्थ-नीति, स्वतन्त्र विचार-प्रकाशन, प्रजातन्त्र के सिद्धान्तों पर प्रकाश पड़ा है। प्रसाद ने हमारे समाज को तीखी दृष्टि से देखा और परखा है। 'दासी' कहानी में प्रसाद ने परिस्थितिवश दासी बनने वाली इरावती का चित्रण किया है। दासी इरावती, ब्रजराज से कहती है—"एक दिन कनौज चतुष्पथ पर घोड़ों के साथ ही बेचने के लिए उन आततायियों ने मुझे भी खड़ा किया। मैं बिकी पाँच सौ दिरम पर, काशी के ही एक महाजन ने मुझे दासी बना लिया।"[52] स्त्रियों को बिकने और दासी बनाने की प्रथा पर 'प्रसाद' ने ज़ोरदार विरोध किया है। लेकिन समाज में ब्रजराज के जैसे आदमी भी हैं जो दासी से भी ब्याह करना चाहता है।

प्रसाद कला के महत्व को कला प्रेमी होने के नाते अच्छी तरह जानते थे। उन्होंने काल की सांस्कृतिक पीठिका के आधार पर साहित्य में कला को स्थान दिया है। कहानीकार ने सुन्दर आश्रमों, कुटीरों, गृहों और राजभवनों का उल्लेख करके उस काल की वास्तु कला का परिचय दिया है। उन्होंने 'देवदासी' कहानी में अशोक के द्वारा लिखित पत्र में दक्षिण के मन्दिरों की महत्ता का उल्लेख किया है। संगीत कला के अन्तर्गत प्रसाद ने बाँसुरी का उपयोग 'देवदासी' कहानी में किया है। इस कला का उल्लेख ऋग्वेद और यजुर्वेद में भी मिलता है।

'पत्थर की पुकार', 'कलावती की शिक्षा' और 'कला साहित्य' से सम्बन्धित प्रतीकात्मक कहानियाँ हैं। 'कला' में रस की आर्द्रता पर और 'कलावती की शिक्षा' में गूढ़ व्यंजना पर 'प्रसाद' ने विशेष बल दिया है। ये ही उनकी साहित्य-साधना की प्रमुख विशेषताएँ भी हैं। 'कला' में रामनाथ को धन और यश मिलने पर भी अन्त में जाकर रसदेव की ही विजय हुई। पहले कला रूपदेव की ओर झुकी, अन्त में जाकर रसदेव को ही प्राप्त हुई। जीवन और साहित्य की भी यही प्रवृत्ति है। पहले सौन्दर्य की ओर आकृष्ट होना स्वाभाविक ही है, परन्तु मुख्य विषय हृदय की भावना ही है जिसके प्रसाद से ही तृप्ति मिलती है। 'कला' में रस या भाव-तन्मयता की प्रधानता है, रूप-रंग की नहीं।

यथार्थवादी सामाजिक कहानियों की प्रक्रिया प्रसाद ने मानवीयता की दृष्टि से की है। उनकी कहानियाँ जीवन के अन्तराल तक पहुँचती हैं और मानव-जाति को समाज में जीने के लिए जो-जो कठिनाइयाँ होती हैं, उनका वर्णन प्रसाद ने किया है। एस.टी. नरसिंहाचारी के शब्दों में–'कहानियों में प्रसाद की दृष्टि प्रायः अन्तर्मुखी है। यथार्थवादी कहानियों में भी लेखक ने वास्तविकता के मूल संघर्षों में न जाकर मानवतावादी दृष्टि से उसकी वस्तु-स्थिति के निरूपण का ही प्रयत्न किया है। प्रधानतः प्रसाद मानव-मन की भावनाओं और अनुभूतियों के रहस्योद्घाटन में ही संलग्न रहे, चाहे जीवन का धरातल कल्पना प्रसूत स्वच्छन्दतावादी हो चाहे यथार्थवादी।'[53] समाज बहिष्कृतों के तथाकथित निम्न-वर्गीय पतितों के, जीवन और व्यक्ति मन के रहस्यों ने उन्हें गोचर यथार्थ को ही पूर्ण सत्य न मानने पर विवश किया है। प्रसाद की अन्तर्मुखी व्यक्तिवादी दृष्टि मानव-मन को जीवन का केन्द्र मान कर चलती है जबकि बहिर्मुखी सामाजिक दृष्टि जीवन की यथार्थता को सत्य मानकर उसके प्रभाव का निरूपण करती है। प्रसाद की कहानियों में व्यक्ति की दृष्टि से जीवन-जगत को देखने के अतिरिक्त व्यापकता की एक दूसरी दिशा भी मिलती है जिसे व्यक्तिवाद का समन्वयीकरण कहा जा सकता है।

प्रसाद की कहानियों पर युगीन प्रभाव अधिक है। लेकिन वह प्रभाव अपने ढंग से ही हुआ है। यदि युग-जीवन की परिस्थितियों का भी योगदान कलाकार की प्रेरणा और अनुभूति के माध्यम से न होकर प्रत्यक्ष होता है तो रचना अनुकरणात्मक होकर साहित्य या कला की कल्पनाशील प्रकृति के विरुद्ध हो जाती है। प्रसाद ने अपनी कहानियों में अपनी दृष्टि और अनुभूति के अनुसार युग-जीवन को रखते हुए मानव जीवन के स्वरूप और उसकी आदर्श स्थिति की कल्पना की है। 'प्रसाद ने अपने साहित्य में इतिहास के साथ सामाजिक परिवेश को भी प्रस्तुत किया है, जिसमें प्राचीन समाज को पाठक के सामने उतारने का सफल प्रयत्न मिलता है। प्रसाद की

विशेषता यह है कि वे इतिहास पटों पर आधुनिक चित्र प्रस्तुत कर देते हैं। समय के साथ सामाजिक व्यवस्था भी बदलती चली आ रही है।'[54] इस प्रकार प्रसाद ने बदलती सामाजिक व्यवस्था को ही अपनी कहानियों में प्रस्तुत किया है।

प्रसाद की इन सभी सामाजिक कहानियों का मूल्यांकन भाव और उसकी रूप-कल्पना के स्तर के आधार पर करना चाहिए। उन्होंने निम्न-मध्य वर्ग के जीवन के बाहर जाकर वहाँ के उपेक्षित और तथाकथित हेय प्राणियों के राग-द्वेष को प्रस्तुत करने में जो मानवीय सम्वेदना का परिचय दिया है और सभ्य समाज के दृढ़ कृत्रिम बन्धनों के विरुद्ध विद्रोह करते हुए जीवन की गतिशीलता को जो बल प्रदान किया है, यही उनको कहानी-साहित्य का युग-सापेक्ष्य की दृष्टि से प्रगतिशील और मूल्यवान प्रतीत होता है। जीवन के सभी पहलुओं को स्पर्श करके आदर्शवादी कहानियाँ लिखने में जयशंकर प्रसाद ने सफलता प्राप्त की है। युग की सामाजिक व्यवस्था ने प्रसाद पर जो प्रभाव डाला, वही अपनी कहानियों के द्वारा उन्होंने व्यक्त किया है। युग-प्रवर्तक जयशंकर प्रसाद व्यक्तिवादी कहानीकार हैं। उन्होंने समाज को सूक्ष्म रूप में ही चित्रित किया है। समाज में प्रचलित मानवीय वृत्ति ही नहीं, बल्कि समाज को ही बदलने के लिए प्रसाद अपनी कहानियों के द्वारा आह्वान करते हैं। उनकी यह सामाजिक चेतना तत्कालीन युग का द्योतक है।

सन्दर्भ

1. आचार्य नन्ददुलारे वाजपेयी—जयशंकर प्रसाद, पृ. 24
2. एस.टी. नरसिंहाचारी—प्रसाद की कहानियाँः प्रवृत्तिमूलक विश्लेषण, पृ. 37, 38
3. एस.टी. नरसिंहाचारी—प्रसाद की कहानियाँः प्रवृत्तिमूलक विश्लेषण, पृ. 37, 38
4. प्रसाद—समुद्रसंतरण (कहानी)—आकाशदीप (संग्रह), पृ. 116
5. प्रसाद—हिमालय का पथिक (कहानी)—आकाशदीप (संग्रह), पृ. 65
6. प्रसाद—देवदासी (कहानी)—आकाशदीप (संग्रह), पृ. 107
7. प्रसाद—तानसेन (कहानी)—छाया (संग्रह), पृ. 8
8. प्रसाद—तानसेन (कहानी)—छाया (संग्रह), पृ. 8
9. प्रसाद—स्वर्ग के खँडहर में (कहानी)—आकाशदीप (संग्रह), पृ. 46
10. जयशंकर प्रसाद—चक्रवर्ती का स्तम्भ (कहानी)—प्रतिध्वनि (संग्रह), पृ. 64, 65
11. जयशंकर प्रसाद—चक्रवर्ती का स्तम्भ (कहानी)—प्रतिध्वनि (संग्रह), पृ. 64, 65
12. प्रसाद—देवरथ (कहानी)—इन्द्रजाल (संग्रह), पृ. 102
13. प्रसाद—देवरथ (कहानी)—इन्द्रजाल (संग्रह), पृ. 102
14. प्रसाद—सलीम (कहानी)—इन्द्रजाल (संग्रह), पृ. 20
15. प्रसाद—गुंडा (कहानी)—इन्द्रजाल (संग्रह), पृ. 83, 84
16. प्रसाद—गुंडा (कहानी)—इन्द्रजाल (संग्रह), पृ. 83, 84
17. प्रसाद—गुंडा (कहानी)—इन्द्रजाल (संग्रह), पृ. 85

18. प्रसाद–प्रतिध्वनि (कहानी)–पत्थर की पुकार, पृ. 46
19. प्रसाद–छोटा जादूगर (कहानी)–इन्द्रजाल (संग्रह), पृ. 24
20. जयशंकर प्रसाद–नीरा (कहानी)–आँधी (संग्रह), पृ. 32
21. जयशंकर प्रसाद–नीरा (कहानी)–आँधी (संग्रह), पृ. 32
22. जयशंकर प्रसाद–गूदड़ साईं (कहानी)–प्रतिध्वनि (संग्रह), पृ. 14
23. जयशंकर प्रसाद–मधुआ (कहानी)–आँधी (संग्रह), पृ. 47
24. मधुआ (कहानी)–आँधी (संग्रह), पृ. 50
25. ममता (कहानी)–आकाशदीप (संग्रह) पृ. 28
26. प्रसाद–भिखारिन (कहानी)–आकाशदीप (संग्रह), पृ. 78
27. प्रसाद–भिखारिन (कहानी)–आकाशदीप (संग्रह), पृ. 71
28. प्रसाद–विराम-चिह्न (कहानी)–इन्द्रजाल, पृ. 111
29. प्रसाद–विराम-चिह्न (कहानी)–इन्द्रजाल, पृ. 111
30. प्रसाद–दुखिया (कहानी)–प्रतिध्वनि (संग्रह), पृ. 69
31. प्रसाद–प्रतिमा (कहानी)–प्रतिध्वनि (संग्रह), पृ. 76, 77
32. प्रसाद–प्रतिमा (कहानी)–प्रतिध्वनि (संग्रह), पृ. 76, 77
33. सालवती (कहानी)–इन्द्रजाल (संग्रह), पृ. 117
34. विजया (कहानी)–आँधी (संग्रह), पृ. 117
35. प्रसाद–व्रतभंग (कहानी)–आँधी (संग्रह), पृ. 97
36. प्रसाद–व्रतभंग (कहानी)–आँधी (संग्रह), पृ. 99
37. प्रसाद–व्रतभंग (कहानी)–आँधी (संग्रह), पृ. 99
38. प्रसाद–व्रतभंग (कहानी)–आँधी (संग्रह), पृ. 100
39. प्रसाद–मधुआ (कहानी)–आँधी (संग्रह), पृ. 48
40. प्रसाद–वैरागी (कहानी)–आकाशदीप (संग्रह), पृ. 113
41. प्रसाद–ममता (कहानी)–आकाशदीप (संग्रह), पृ. 25
42. प्रसाद–आँधी (कहानी)–आँधी (संग्रह), पृ. 110
43. प्रसाद–मदन मृणालिनी (कहानी)–छाया (संग्रह), पृ. 112
44. प्रसाद–मदन मृणालिनी (कहानी)–छाया (संग्रह), पृ. 110
45. प्रसाद–मदन मृणालिनी (कहानी)–छाया (संग्रह), पृ. 112
46. प्रसाद–आँधी (कहानी)–आँधी (संग्रह), पृ. 15
47. प्रसाद–आँधी (कहानी)–आँधी (संग्रह), पृ. 15
48. प्रसाद–चित्र-मन्दिर (कहानी)–इन्द्रजाल (संग्रह), पृ. 83
49. प्रसाद–ग्राम (कहानी)–छाया (संग्रह), पृ. 24
50. प्रसाद–ग्राम (कहानी)–छाया (संग्रह), पृ. 28
51. सालवती (कहानी) इन्द्रजाल (संग्रह), पृ. 134
52. प्रसाद–दासी (कहानी)–आँधी (संग्रह), पृ. 63
53. एस.टी. नरसिंहाचारी–प्रसाद की कहानियाँ : प्रवृत्ति मूलक विश्लेषण, पृ. 124
54. डॉ. प्रेमदत्त शर्मा–प्रसाद साहित्य की सांस्कृतिक पृष्ठभूमि, पृ. 135

अध्याय-5

प्रसाद की कहानियों में संस्कृति

जयशंकर प्रसाद की कहानियाँ मानव-समाज का एक ऐसा आधार-स्तम्भ हैं जिसमें संस्कृति के फूल खिलते हैं और हँसते हैं। प्रसाद के कहानी-साहित्य में जो संस्कृति देखी जाती है वह उस पीठिका पर प्रतिष्ठित है जो सामान्यतः भारतीय है। वे भारतीय संस्कृति के प्रगाढ़ प्रेमी थे। प्राचीन भारतीय संस्कृति के सौन्दर्य से मुग्ध प्रसाद ने अपनी कहानियों की रचना की। मानवीय भावना से युक्त अपनी कहानियों में प्रसाद ने इतिहास, राजनीति, धर्म, दर्शन, साहित्य आदि सभी तत्वों का समावेश किया है। डॉ. जगन्नाथ शर्मा ने ठीक ही कहा है—"अनुनिश्चित और असुलिखित भारतीय इतिहास में यत्र-तत्र बिखरी सामग्रियों को एक सूत्र में पिरोने की तर्क-संगत चेष्टा 'प्रसाद' की उन विशेषताओं में है जो वर्तमान हिन्दी के अतिरिक्त अन्य साहित्यों में भी कम दिखाई देती है। इतिहास का गम्भीर अध्ययन प्रसंग परिकलन की बुद्धि और उपलब्ध इतिवृत्तों की संगत एकात्मकता स्थापित करने की अद्‌भुत क्षमता प्रसाद में दिखाई पड़ती है।"[1] इस प्रकार प्रसाद ने प्राचीन भारतीय इतिहास को लेकर उनमें संस्कृति के तत्व बटोर दिए हैं। अब हमें प्रसाद की कहानियों में संस्कृति के जो तत्व निहित हैं उन पर विचार करना है—

1. प्रसाद विदेशी छाया से आच्छादित भारतीय जीवन को फिर उसी स्वर्ग की ओर प्रेरित करने की बात सोचा करते थे। उन्होंने देखा कि हमारा वर्तमान ही नहीं, भूत व इतिहास भी विदेशी प्रभाव की छाया में कठिन हो गया है। अतः फिर से उसका सच्चा स्वरूप प्रदर्शित करने के लिए उन्होंने भारतीय ग्रन्थों के आधार पर ही ऐतिहासिक अन्वेषण किए। उनका कहना है—"हमारी गिरी दशा को उठाने के लिए हमारे जलवायु के अनुकूल जो हमारी अतीत सभ्यता है उनसे बढ़कर उपयुक्त और कोई भी आदर्श हमारे अनुकूल होगा कि नहीं इसमें हमें पूर्ण सन्देह है।...मेरी इच्छा भारतीय इतिहास के अप्रकाशित अंश में से उन प्रकांड घटनाओं का दिग्दर्शन कराने की है जिन्होंने हमारी वर्तमान स्थिति को बनाने का बहुत कुछ प्रयत्न किया है।"[2] इसीलिए उन्होंने अपने सम्पूर्ण कहानी-साहित्य में इतिहास को माध्यम बनाया।

प्रसाद ने ऐतिहासिक मान्यताओं के माध्यम से भारतीय संस्कृति के सांध्य-युग में प्रकाश की किरणें विकीर्ण कीं, उसके मुख्यतः दो परिणाम हुए—एक तो पाश्चात्य संस्कृति के प्रभंजन से प्रताड़ित भारतीय जन-मानस में पुरातन संस्कृति के प्रति मोह उत्पन्न हुआ और दूसरे उक्त दोनों संस्कृतियों के संगम से एक ऐसी संस्कृति का उद्भव हुआ जो आधुनिक मानवता के विकास की दिशा को गति दे सकी। उनका कहना है—"मेरी इच्छा भारतीय इतिहास के अप्रकाशित अंश में से उन प्रकांड घटनाओं को दिग्दर्शन करने की है जिन्होंने हमारी वर्तमान स्थिति को बनाने का बहुत कुछ प्रयत्न किया है।"[3] प्रसाद की ऐतिहासिक कहानियाँ हैं—'चित्र मन्दिर, पुरस्कार, आकाशदीप, सिकन्दर की शपथ, खँडहर की लिपि, अशोक, चक्रवर्ती का स्तम्भ, जहाँनारा, चित्तौड़ उद्धार, शरणागत, गुंडा, देवरथ, दासी, तानसेन' आदि।

'चित्र-मन्दिर' नामक कहानी केवल वातावरण की दृष्टि से ही ऐतिहासिक है। इसका वातावरण पूर्व पाषाण काल पर आधारित है, जबकि मनुष्य नितान्त जंगली और अन्धकार में डूबे हुए थे, गुफाओं में रहना तथा आखेट द्वारा अपना पोषण करना ही उनका कार्य था। उस समय उनकी आवश्यकताएँ कम थीं तथा उचित और अनुचित का ज्ञान भी नहीं था। इस कहानी मैं आदि मानव की पाशिवक वृत्ति का चित्रण किया गया है। जबकि मनुष्य जंगली अवस्था में रहता था। उसके पशु और नारी दो अहेट थे, फिर धीरे-धीरे उसके हृदय में भावनाओं का विकास हुआ। यही भावनाओं का विकास मानव-सभ्यता की विकसित अवस्था थी।

'पुरस्कार', 'सालवती' आदि कहानियाँ स्थान और वातावरण की दृष्टि से ऐतिहासिक ही हैं। 'पुरस्कार' में राजा द्वारा खेत जोतने की प्रथा का उल्लेख है, परन्तु इतिहास इस विषय में मौन है। प्रसाद ने इस परम्परा को मधुलिका की कथा से जोड़ा है। इस कहानी में आए हुए पात्र और घटनाएँ काल्पनिक हैं। कहानी में कोशल, मगध, वाराणसी और श्रावस्ती स्थान तत्कालीन हैं। इनका उल्लेख 'अजातशत्रु' की ऐतिहासिकता में भी किया गया है। 'सिन्धु दक्षिण में स्थित जनपद था।'[4] 'सालवती' में वज्जिसंघ का उल्लेख हुआ है। वज्जिसंघ का उल्लेख बौद्ध-साहित्य के सोलह जनपदों में आता है। यह एक संघ था, जिसमें आठ गण राज्य सम्मिलित थे। वज्जिसंघ की राजधानी वैशाली थी। संघ के आठों गण अलग-अलग जनपद थे। बौद्धकाल में यह संघ अत्यन्त समृद्धशाली था। प्रसाद ने इस वज्जिसंघ को आधार मानकर कहानी की रचना की है। सदानीरा वैशाली की एक नदी थी। वर्तमान काल में यह बिहार में चन्डी गंडक के नाम से जानी जाती है। काशी भी 16 जनपदों में से एक है। इस प्रकार स्थान और वातावरण इन कहानियों में ऐतिहासिक हैं।

'सिकन्दर की शपथ' में सिकन्दर एक ऐतिहासिक पात्र है। इस कहानी में युद्धकालीन वातावरण का चित्र प्रस्तुत हुआ है। भारतीय सैनिकों के शौर्य और पराक्रम

का परिचय मिलता है—इतिहास इस बात का साक्षी है कि उन्होंने प्राण-प्रण से युद्ध किया और जब तक कि उनमें एक भी बचा, बराबर लड़ता रहा। क्यों न हो, तब उनके प्यारी स्त्रियाँ उन्हें अस्त्रहीन देखकर तलवार देती थीं और हँसती हुई अपने प्यारे पतियों की युद्ध क्रिया देखती थीं। रण-चंडियाँ भी अकर्मण्य न रहीं, उन्होंने जीवन देकर अपना धर्म रखा। ग्रीकों की तलवारों ने उनके बच्चों तक को भी न रोने दिया, क्योंकि पिशाच सैनिकों के हाथ सभी मारे गए। इस क़हानी में प्रसाद ने एक ऐतिहासिक घटना को देकर प्राचीन भारत की गौरव गाथा को पुनर्जीवित करने का प्रयास किया है।

'अशोक, खँडहर की लिपि, चक्रवर्ती का स्तम्भ, आकाशदीप' आदि कहानियाँ मौर्यकाल से सम्बन्ध रखती हैं। 'अशोक' कहानी में आए पात्रों में अशोक, तिष्यरक्षिता, कुणाल, धर्मरक्षिता आदि ऐतिहासिक हैं। इस कथा में सामाजिक और धार्मिक वातावरण दिखाई देता है। एक ओर तो महारानी तिष्यरक्षिता की घृणित प्रेम-वासना का परिचय मिलता है, दूसरी ओर कुणाल के आदर्श को चित्रित किया गया है। सारी कहानी में बौद्ध-धर्म की महत्ता को चित्रित किया गया है। पौण्ट्रवर्धन, पाटलिपुत्र और तक्षशिला स्थान ऐतिहासिक हैं। 'खँडहर की लिपि' में प्राचीन इतिहास की मोहकता को प्रदर्शित किया है। 'युवक को उस नग्न स्तूप से 'आओ' की आवाज़ आमन्त्रित कर रही थी। युवक सचेत होकर उठने को था कि वह कई सौ बरस की पुरानी छत धम से गिरी।'[5] 'खँडहर की लिपि' और 'आकाशदीप' में उस भारतीय सभ्यता की विकसित अवस्था को बतलाया गया है कि जब भारतीय सभ्यता सिंहल, जावा, सुमात्रा आदि देशों में फैली हुई थी। 'चक्रवर्ती का स्तन' कहानी की पीठिका यद्यपि मौर्यकालीन है तो भी इसकी कथा मुसलमानों के आक्रमणों से सम्बन्धित है। इसमें चक्रवर्ती अशोक के एक स्तम्भ का वर्णन किया गया है जिसमें शील और धर्म की आभा खुदी हुई है। अशोक चक्रवर्ती के ध्वस्त जीर्ण स्तम्भ पर दीपावली जलाने के अपराध में धर्मरक्षित आदि मुसलमानों के द्वारा बन्दी हो गए और स्तम्भ को तोड़ने की आज्ञा हुई। धर्म पालन का आदेश देने के लिए स्तूप का निर्माण हुआ है और धर्म के संकीर्ण अर्थ पर उसको मिटाने का भी प्रयत्न हो रहा है।

'दासी' कहानी में मध्यकालीन वातावरण प्रस्तुत हुआ है। विदेशी आक्रमण भारत में प्रारम्भ हो गए थे। देश तुर्कों की परतन्त्रता में जकड़ रहा था। विदेशी आक्रमणकारियों का प्रमुख ध्येय लूट-मार करना था। कहानी में घटना से सम्बन्धित, गज़नी, पंजाब और बनारस ऐतिहासिक स्थान हैं। प्रसाद ने इस कथा में बलराज के माध्यम से भारतीय शौर्य और पराक्रम का चित्र प्रस्तुत करते हुए अन्त में उसी की विजय बतलाई है। इस प्रकार वे इसमें भारतीयता का निर्वाह कर सके हैं।

प्रसाद ने एक ऐतिहासिक घटना को 'चित्तौड़ उद्धार' का रूप देकर सिसोदिया

वंश और हम्मीर के पराक्रम का वर्णन किया है। राजपूत अपनी शान के लिए शत्रुओं के हाथ गई पैतृक सम्पत्ति को जिस प्रकार वापस लेने को प्रयत्नशील होते हैं, उसका भी बयान है। राजा हम्मीर ने चित्तौड़ को प्राप्त करने के लिए संकल्प किया और उसका प्रयत्न सफल हुआ। प्रसाद नें इस कहानी में राजपूती आन-बान का परिचय दिया है। कर्नल टाड ने राजा हम्मीर का विवाह मालदेव सोनगरा की विधवा पुत्री से होना बतलाया है जिसने पहले जैसलमेर के रावल से विवाह किया था। वह बाल्यावस्था में ही विधवा हो गई थी।

इन कहानियों में प्रसाद ने मुगल काल के आधार पर कहानियों की रचना की है। 'स्वर्ग के खँडहर' का वातावरण मुगलकालीन है। इसमें कहानीकार ने चंगेजखाँ के अतिरिक्त अन्य कल्पित पात्रों के माध्यम से कथा का पूर्ण निर्माण किया है। चंगेजखाँ ऐतिहासिक पात्र है। ख्वारिज्म के अन्तिम शाह जलालुद्दीन के आक्रमण में भारत की ओर भागा। आक्रणकारियों द्वारा पीछा करने पर उसने सिन्धु नदी पर पड़ाव डाला और मंगोलों से युद्ध करना चाहा। इसी समय वहाँ के शासक इलतुतमिश से कुछ समय तक दिल्ली में रहने की आज्ञा माँगी, परन्तु इ़ल्तुतमिश ने जलवायु खराब होने का बहाना लगाया। देश मुसलमानों के आक्रमण से आक्रान्त था। 'ममता' कहानी में हुमायूँ, श़ेरशाह और चूड़ामणि ऐतिहासिक पात्र हैं। प्रसाद ने ऐतिहासिक दो घटनाओं को कहानी का आधार मानते हुए उसे ममता की कथा से जोड़ा है। उन्होंने इस अंश को जोड़कर हिन्दू विधवा को जो संसार का निराश्रय प्राणी है, ममतामयी दृष्टि से देखा है।

'तानसेन' कहानी अकबरकालीन है। इस कहानी में प्रसाद ने संगीत सम्राट तानसेन तथा उसकी कला की ओर संकेत किया है। प्रसाद ने तानसेन एवं स्थान सम्बन्धी ऐतिहासिकता को लेकर रामप्रसाद और सौसिनी की कल्पित प्रेम-कथा को चित्रित किया है। 'नूरी' कहानी में आए पात्रों में अकबर, याकूबखाँ, यूसुफखाँ और सलीम ऐतिहासिक पात्र हैं। कहानी में राजनीतिक वातावरण प्रस्तुत हुआ है? मुगलकालीन समय में मुसलमानों का प्रभाव बतलाया गया है। सम्राट अकबर के सम्मुख काश्मीर नरेश यूसुफ़ खाँ को भी आत्म समर्पण करना पड़ा। स्थानों की दृष्टि से कहानी में आगरा, काश्मीर, श्रीनगर और सीकरी आए हैं जो ऐतिहासिक हैं। इस कहानी में नूरी-शाहजादा याकूब खाँ का प्रणय-प्रसंग तथा याकूब का नूरी के साथ षड्यन्त्र में बन्दी होना सम्बन्धी प्रसंग काल्पनिक है। प्रसाद प्रेम-प्रसंग के माध्यम से ऐतिहासिकता का निर्वाह कर सके हैं।

'जहाँनारा' में जहाँनारा; शाहजहाँ और पुत्र औरंगज़ेब ऐतिहासिक पात्र हैं। औरंगज़ेब ने शाहजहाँ और उसकी आठ वर्ष की पुत्री जहाँनारा को भी कैद किया। जहाँनारा ने पिता की देख-रेख की। जहाँनारा शाहजहाँ की मृत्यु के बाद दिल्ली चली

गई। वहाँ पर वह दरबार की सर्वप्रमुख महिला के रूप में बनी रही। उसने धर्म-परायणता और दानशीलता में अपनी ख्याति प्राप्त की। मरने पर उसे संत निजामुद्दीन औलिया के मकबरे में दफनाया गया। प्रसाद के इस ऐतिहासिक आधार के साथ जहाँनारा को करुणा की मूर्ति बताया है। अन्त में औरंगज़ेब के पाषाण-हृदय को उसके आगे द्रवीभूत करके दिखाया है। यह प्रसाद की मौलिकता है। कहानी में उनका उद्देश्य जहाँनारा के चरित्र में सेवा और त्याग की भावना दिखाना रहा है।

'गुलाम' कहानी में आए पात्रों में गुलाभ कादिर, शाह आलम और मंसूर ऐतिहासिक हैं। सन् 1887 में गुलाम कादिर रुहेला, जो जाबिता खाँ का पुत्र तथा उत्तराधिकारी था, ने मंज़ूर अली ख्वाजा के सहयोग से सम्राट शाह आलम पर आक्रमण किया और उसके राजमहल पर अधिकार कर शासक बन बैठे। उसने अपने खंजर से शाह आलम की आँख निकाल ली। कहानी में दिल्ली को एक ऐतिहासिक स्थान के रूप में दिखाया गया है।

'शरणागत, गुंडा, विराम-चिह्न' आदि अँग्रेजकालीन कहानियों में आती हैं। प्रसाद ने 'शरणागत' में सिपाही विद्रोह का ब्यौरा देते हुए ऐतिहासिक वातावरण प्रस्तुत किया है। इसमें ऐलिस, विलार्ड और ज़मींदार किशोर सिंह से सम्बन्धित घटना काल्पनिक है। सिपाही विद्रोह सन् 1857 ई. में हुआ था। यह विद्रोह हिन्दू और मुसलमानों द्वारा अँग्रेजों को देश से बाहर निकालने का असफल प्रयत्न था। प्रसाद का उद्देश्य अँग्रेजों में भारतीय सभ्यता का प्रभाव अंकित करना रहा है। उन्होंने इस कल्पित कथा के माध्यम से एक अँग्रेज़ युवती ऐलिस को भारतीय सभ्यता के रंग में ढाला है।

'गुंडा' कहानी का आधार 18वीं शताब्दी के अन्तिम समय की एक घटना है। यह समय वारेन हेस्टिंग्स का था। कहानी में वारेन हेस्टिंग्स, बलवन्त सिंह और चेतसिंह ऐतिहासिक पात्र हैं। तत्कालीन कम्पनी के शासन तथा शहर की गुंडा वर्दी के वातावरण को इसमें प्रस्तुत किया गया है। इसमें काशी का जो उल्लेख है, वह ऐतिहासिक स्थान के रूप में है।

'विराम-चिह्न' कहानी हरिजन आन्दोलन से सम्बन्धित है। महात्मा गाँधी समाज सेवा के क्षेत्र में हरिजन आंदोलन से सम्बन्धित हैं। इससे पूर्व भी बम्बई में सन् 1906 में एक दलित-मिशन सोसाइटी का कार्य प्रारम्भ हो चुका था। यह कहानी राधे और उसकी माँ से सम्बन्धित कल्पित कथा मात्र है। प्रसाद ने राधे में अछूतोद्धार की भावना को प्रस्तुत किया है। समाज में अछूतों के प्रति कैसा व्यवहार किया जाता है, इसका चित्र भी प्रस्तुत है। इसके साथ-साथ दीन-दुखियों के प्रति करुणा और सहानुभूति को व्यक्त किया गया है।

इस प्रकार प्रसाद जी की ऐतिहासिक कहानियों के अध्ययन से ऐसा प्रतीत

होता है कि उसमें अतीत और वर्तमान की स्थिति को उन्होंने कल्पना और इतिहास से जोड़ दिया है। डॉ. परमानन्द श्रीवास्तव ने ठीक ही कहा है–"इतिहास के अतीत से गृहीत कहानियों में प्रसाद ने उदात्त सांस्कृतिक आदर्शों एवं श्रेष्ठ मानव मूल्यों की प्रतिष्ठा की है।"[6] वस्तुतः प्रागैतिहासिक काल से लेकर, जिसका विवरण अन्धकारमय है, उन्होंने अँग्रेज़ी युग तक के इतिहास की सामाजिक, सांस्कृतिक और ऐतिहासिक घटनाओं की आधार-भित्ति पर अपना कहानी साहित्य-प्रसाद ने निर्मित किया है। प्राचीन उस युग की समस्याओं में आधुनिक युग की समस्याओं की आत्मा झलकती है। प्राचीन पात्रों में नूतन प्राणों का संचार दीख पड़ता है और उन सबके परे प्राचीन भारतीय संस्कृति में आज की संस्कृति अन्तर्निहित दीख पड़ती है।

2. प्रसाद ने अपने कहानी-साहित्य में राजनीति के जिस स्वरूप का चित्रण किया है, वह प्राचीन संस्कृति की पीठिका पर आधारित है। उन्होंने राजनीति में आदर्श स्थापित किया। इस आदर्श की उपलब्धि उन्हें प्राचीन भारतीय ग्रन्थों में हुई, इसलिए उन्होंने अपने ग्रन्थों में राज-व्यवस्था का सम्पूर्ण ढाँचा प्रायः भारतीय संस्कृति से अनुमोदित ही रखा। यद्यपि कहीं-कहीं विदेशी संस्कृति पर आधारित राज-व्यवस्था भी दीख पड़ती है पर प्रायः सर्वत्र ही विदेशी-राजनीतिक-व्यवस्था पर भारतीय राजनीतिक व्यवस्था की विजय करा कर प्रसाद ने भारतीय राजनीति की श्रेष्ठता प्रतिपादित की है। इससे यह स्पष्ट है कि प्रसाद की राजनीति का उद्‌भव भारतीय संस्कृति के अंचल में ही हुआ है और उसी की शीतल छाया में उसे पनपने और फलने-फूलने का अवसर मिला है।

'सिकन्दर की शपथ' नामक कहानी में अफगानियों के 'मिंग लौर' दुर्ग के सर्वनाश का वर्णन है। सिकन्दर ने सरदार को मारकर सरदार की पत्नी को वहाँ की रानी बनाकर स्वयं दुर्ग अपने अधीन कर लिया और शपथ भी लिया कि भारतीय योद्धा अपने स्वदेश लौट जाएँ और उनके जाने में कोई तकलीफ नहीं होगी। राजपूत वीर अपने परिवार के साथ जाने ही वाले थे कि एक ग्रीक सैनिक ने आकर कहा कि सिकन्दर ने तुम लोगों को दया करके अपनी सेना में भर्ती करने का विचार किया है। लेकिन राजपूतों ने सिकन्दर की शपथ को ललकार दिया और कहा कि हम दृढ़तापूर्वक कहते हैं कि हम भारत लौट जाएँगे। अन्त में जो युद्ध हुआ उसमें राजपूत वीर बड़ी वीरता से लड़ते थे और उनकी स्त्रियाँ सहायता भी करती थीं, लेकिन उनको तहस-नहस कर सिकन्दर ने अपनी शपथ को भंग किया। यहाँ जो राजनैतिक बातें हुई हैं वे सम्बन्ध भारतीय वीर योद्धाओं से सम्बन्धित हैं जो अपने प्राणों को नष्ट करते भी युद्ध से पीछे नहीं हटते थे।

'चित्तौड़ उद्धार' एक राजनैतिक कहानी है। यहाँ कहा गया है कि चित्तौड़ का उद्धार हम्मीर का प्रधान लक्ष्य था। लेकिन मालदेव जो अपनी रानी के पिता थे, उनपर

हमला किए बिना कैसे यह लक्ष्य प्राप्त कर सकता है? अन्त में व्याकुल राजकुमार की रक्षा रानी करती है। वह अपने पिता के प्रभाव में राजकुमार को वहाँ निमन्त्रित करती है और खून-बहाव के बिना चित्तौड़ का उद्धार भी करती है। राजपूत राजा वीर हैं और युद्ध के बिना वे देश को अपने काबू में न लेंगे, इसका वर्णन कहानी में है। क्षत्राणी राजकुमारी भी राजकुमार के साथ युद्ध के लिए आगे बढ़ती है जो भारतीय संस्कृति का द्योतक है।

'अशोक' कहानी में भी अशोककालीन राजनीतिक स्थिति का वर्णन है। तक्षशिला के राजा अशोक बौद्ध धर्म के प्रचारक थे। उनके आज्ञानुसार सभी जैन धर्म के लोगों को मार दिया जाता है। लेकिन सैनिक मार-काट के अलावा आभूषण, धन भी अपने हाथ में कर लेते थे। अन्त में अशोक को बात स्पष्ट हो जाती है और वह हिंसा की वृत्ति छोड़ देता है। अशोक जैनों को मारने की आज्ञा देने की स्थिति का वर्णन करता है—'भारत में एक समय वह था, जबकि इसी अशोक के नाम से लोग काँप उठते थे। क्यों? इसीलिए कि वह बड़ा कठोर शासक था। पर वही अशोक जब से बौद्ध कहकर सर्वत्र प्रसिद्ध हुआ है, उसके शासन को लोग कोमल कहकर भूलने लग गए हैं। अस्तु, तुमको चाहिए कि अशोक का आतंक एक बार फिर फैला दो, और यह आज्ञा प्रचारित कर दो कि जो मनुष्य जैनों का साथी होगा, वह अपराधी होगा, और जो एक जैन का सिर काट लावेगा, वह पुरस्कृत किया जाएगा।'[7] अतः 'अशोक' कहानी राजनीति से युक्त है।

'गुलाम' कहानी में बादशाह शाह आलम का प्रिय गुलाम कादिर, उससे अपने बूढ़े पिता की सेवा के लिए विदा लेकर जाता है, परन्तु वहाँ जाकर रुहेलों से मिलकर दुर्ग पर अधिकार करता है। बाद में वह लोभ से खजाना न प्राप्त करने के अपराध में शाह आलम की दोनों आँखें निकाल देता है। उस समय कादिर की स्थिति का सुन्दर वर्णन भी कहानीकार ने किया है—'इतना कह, कादिर ने कटार से शाह आलम की दोनों आँखें निकाल लीं। रोशनी की जगह उन गड्ढों से रक्त के कुहारे निकलने लगे। निकली हुई आँखों को कादिर की आँखें प्रसन्नता से देखने लगीं।'[8] इस प्रकार गुलाम कहानी में आई हुई सारी राजनीति की बातें शाह आलम और गुलाम से सम्बन्धित हैं।

3. भारतीय संस्कृति का प्राण धर्म से ही मानव-हृदय उदार और विशाल होता है। इसी कारण प्रसाद की कहानियों में धर्म की अधिक मात्रा देखने को मिलती है। मानव-आग्रह और आदर्श तभी साहित्य में सुरक्षित रहते हैं जब साहित्य धर्म से पोषित होता है। प्रसाद की कहानियों में धर्म के विविध पहलुओं का चित्रण है। वह धर्म ईश्वर से सम्बन्धित हो, धार्मिक विश्वास का हो या बौद्ध-धर्म का क्यों न हो। प्रसाद की कहानियों में बौद्ध-दर्शन का प्रभाव अवश्य है।

प्रसाद परम आस्तिक साहित्यकार हैं। हृदय में ईश्वर-प्रेम का वैभव संचित होने पर लोक-बन्धन टूट जाते हैं। कहानीकार प्रसाद 'नीरा' कहानी में कहते हैं–'सुख और सम्पत्ति में क्या ईश्वर का विश्वास अधिक होने लगता है? क्या मनुष्य ईश्वर को पहचान लेता है? उसकी व्यापक सत्ता को मलिन वेश में देखकर दुरदुराता नहीं–ठुकराता नहीं।'[9] परमात्मा में विश्वास मनुष्य का कल्याण करता है। दुःख का एकमात्र कारण ईश्वर के प्रति अविश्वास है।[10] आस्तिक होने के कारण ईश्वर की सत्ता प्रसाद के हृदय में प्रतिफलित है। ईश्वर के कृपा पात्र दुःखी व्यक्ति हुआ करते हैं। मनुष्य दुःखी अवस्था में ही ईश्वर का स्मरण करता है। 'गूदड़ साई' कहानी में बतलाया गया है कि भगवान चीथड़ों पर ही दया करता है।

भगवान का मन्दिर सबके लिए सदैव खुला रहता है। भक्त उसके दर्शन करने जाते हैं। 'विराम-चिह्न' में इसकी ओर संकेत किया गया है। इन देव-मन्दिरों में उस भगवान की मूर्ति है जो सर्वत्र व्याप्त है। उसकी आवृत्ति के अनेक रूप हैं। वह लीलामय है। यह विश्व ही उसका अनन्त मन्दिर है। 'प्रतिमा' कहानी में प्रसाद शिव मन्दिर की आकृति का वर्णन करते हैं–'वट-वृक्ष के नीचे उसी की जड़ में पत्थर का छोटा-सा जीर्ण मन्दिर है। उसी में शिव-मूर्ति है, वट की जटा से लटकता हुआ मिट्टी का बर्तन अपने छिद्र से जल-बिन्दु गिराकर जाह्नवी और जटा की कल्पना को सार्थक् कर रहा है।'[11] प्रसाद ने पूजा में प्रसाद, दीपदान, माला फेरना, शंख, घंटा, वीणा बन्शी, मृदंग की ध्वनि का वर्णन किया है। पूजा के मूर्ति की सज्जा के लिए केसर, कस्तूरी, पुष्पमालाओं का वर्णन भी हुआ है। 'सलीम, व्रतभंग, प्रतिमा' आदि कहानियों में इसका उल्लेख मिलता है।

प्रसाद ने 'वरुण' शब्द का प्रयाग अनेक स्थलों पर किया है। वे वरुण को वैदिक-काल में एकेश्वरवाद का प्रतीक मानते हैं। वे (वरुण) न्यायपति राजा और विवेक पक्ष के आदर्श थे। आर्यों की उपासना में वरुण का स्थान गौण रहा। इसी कारण उन्हें देवताओं के अधिपति पद से हटना पड़ा, परन्तु वे असुर के रूप में असीरिया आदि अन्य देशों में प्रतिष्ठित हुए। 'आकाशदीप' कहानी में यत्र-तत्र इसका उल्लेख हुआ है।

'नूरी' एक धार्मिक कहानी है। अकबर के शासन काल में काश्मीर भी उसके अधीन हो गया। सारे काश्मीरी लोग भी उसके अधीन हो गए। उसी समय नूरी, एक कश्मीरी नर्तकी भी वहाँ थी। याकूब खाँ, यूसुफ खाँ, और अकबर का बेटा, सभी वहाँ आ पहुँचे थे। सलीम अकबर का बेटा था। सलीम हिन्दू-मुस्लिम एकता चाहता था। मुग़ल साम्राज्य के अलौकिक इन्द्रजाल सीकरी के पतन की ओर संकेत करते हुए प्रसाद जी कहते हैं–"जहाँ एक विश्वजनीन धर्म की उत्पत्ति की सूचना हुई, जहाँ उस धर्मांधता के युग में एक छत के नीचे ईसाई, पारसी, जैन, इस्लाम

और हिन्दू आदि धर्मों पर वाद-विवाद हो रहा था, जहाँ संत-सलीम की समाधि थी, जहाँ शाह आलम का जन्म हुआ था, वहीं अपनी अपूर्णता और खँडहरों में अस्त-व्यस्त सीकरी का महल अकबर के जीवन-काल में ही निर्वासिता सुन्दरी की तरह दया का पात्र, शृंगारहीन और उजड़ा हुआ था। अभी तक अकबर के शून्य शयन-मन्दिर में विक्रमादित्य के नवरत्नों का छायापूर्ण अभिनय चल रहा था। अभी तक सराय में कोई यात्री संत की उपाधि का दर्शन करने को आता ही रहता। अभी तक बुर्जों के तहखानों में कैदियों का अभाव न था।''[12] यहाँ धर्मांधता, ईसाई, पारसी, जैन, इस्लाम और हिन्दू आदि धर्मों पर जो वाद-विवाद हो रहा था, उसका सुन्दर वर्णन है। धर्म के नाम पर वाद-विवाद और झगड़ा करने की तत्कालीन संस्कृति पर प्रसाद ने प्रकाश डाला है। अन्त में नूरी और याकूब खाँ का मिलन होता है जो हिन्दू-मुस्लिम एकता का पर्याय है।

'सलीम' कहानी में प्रसाद आर्य और अनार्य धर्मों की ओर इशारे करते हुए कहते हैं—''आर्य संस्कृति में अश्वत्थ की यह मर्यादा अनार्य धर्म के प्रचार के बाद भी उस प्रान्त में बची थी। जिसमें अश्वत्थ चैत्य-वृक्ष या वासुदेव का आवास समझ कर पूजित होता था। मन्दिरों के अभाव में तो बोधि वृक्ष ही देवता की उपासना का स्थान था।''[13] तत्कालीन मन्दिरों के अभाव में वृक्ष की पूजा, आर्य संस्कृति का सूचक है। कहानी में हिन्दू-मुस्लिम संस्कृति का भी प्रभाव है। अमीर जो एक मुसलमान लड़का है, प्रेमकुमारी, हिन्दू लड़की से खीर पीता है और जब एक नवागन्तुक वहाँ आ गया तो अमीरखाँ कहता है—''तुझे भूख लगी हो, तो हम लोगों के साथ चल''[14] किन्तु वह अपने हृदय में विष से छटपटा रहा था जिसके लिए वह हिजरत करके भारत से चला आया था, उस धर्म का मुसलमान देश में भी यह अपमान।'[15] नन्दराम सलीम से कहता है—''ओ हो, हिन्दुस्तानी भाई। हम लोग हिन्दुस्तान के रहने वालों को हिन्दू ही सा देखते हैं। तुम बुरा न मानना।''[16] वर्ण, धर्म और देश को भूलकर मनुष्यता के प्रश्न पर एक रहने वाले गुलमुहम्मद और नन्दराम के परिवार को देखते सलीम अपने आप कहता है—''मनुष्यता का एक पक्ष वह भी है जहाँ वर्ण, धर्म और देश को भूलकर मनुष्य मनुष्य के लिए प्यार करता है।''[17] हिन्दुस्तान से हिन्दू-मुस्लिम लड़ाई से बचकर अफगानिस्तान आया एक मुसलमान सलीम को सलीम ने, जो एक हिन्दू था, शरण दे दिया। यहाँ हिन्दू-मुस्लिम धर्म के नाम पर विभिन्न देशों में चलने वाली लड़ाई और एकता की ओर इशारा किया गया है।

'पाप की पराजय' में विभिन्न धर्मों की जो संस्कृति छिपी रहती है, उसका उल्लेख है। अपनी पत्नी की मृत्यु के उपरान्त जब चिता पर आग लगाई तो घनश्याम यह सोचते हुए स्वयं कहता है—''यदि मुसलमान या ईसाई होते तो? आह! फूलों से मिली हुई मुलायम मिट्टी में इसे सुला देते, सुन्दर समाधि बनाते, आजीवन प्रति संध्या को

दीप जलाते, फूल चढ़ाते, कविता पढ़ते, रोते-आँसू बहाते, किसी तरह दिन बीत जाते। किन्तु यहाँ कुछ भी नहीं। हत्यारा समाज, कठोर धर्म कुत्सित व्यवस्थी। इनसे क्या आशा?''[18] धर्म की कठोर व्यवस्थाओं की ओर इसमें इशारा किया गया है। 'सालवती' कहानी में आर्यों की संस्कृति की महत्ता है—आर्यों का वह दल, जो माधव के साथ ज्ञान की अग्नि मुँह में रखकर सदानीरा के इस पार पहले-पहल आया, विचारों की स्वतन्त्रता का समर्थक था। कर्मकांडियों की महत्ता और इनकी पाखंड-प्रियता का विद्रोही वह दल, सब प्रकार की मानसिक या नैतिक पराधीनता का कट्टर शत्रु था।[19] आर्यों की संस्कृति की उदात्तता का चित्र ही इसमें अंकित है। आर्यधर्म का जो प्रभाव प्रसाद की कहानियों में आया है, उसका सुन्दर चित्र 'सालवती' में है।

धर्म की विजय को 'आँधी' में प्रसाद ने प्रस्तुत किया हैं। वे भारत देश के धर्म और दर्शन के बारे में कहते हैं—''आज भी आध्यात्मिक रहस्यों के उस देश में उस महती साधना का आशीर्वाद बचा है। अभी भी बोध-वृक्ष पनपते हैं। जीवन की जटिल आवश्यकता को त्याग कर जब काषाय पहने संध्या के सूर्य के रंग में रंग मिलाते हुए ध्यान-स्तिमित लोचन मूर्तियाँ अभी देखने में आती हैं, तब जैसे मुझे अपनी सत्ता का विश्वास होता है, और भारत की अपूर्वता का अनुभव होता है। अपनी सत्ता का इसलिए कि मैं भी त्याग का अभिनय करता हूँ न। और भारत के लिए तो मुझे पूर्ण विश्वास है, कि इसकी विजय धर्म में है।''[20] यहाँ प्रसाद ने यह स्पष्ट करने का सफल प्रयास किया है कि धर्म में ही भारत की असली जीत छिपी रहती है। अपनी सत्ता का विश्वास भारत का विश्वास है और वह विश्वास धर्म की विजय में है।

'दासी' कहानी में प्रसाद ने तिलक के ज़रिए हिन्दुस्तान का पूरा चित्र उतारा है। फीरोज़ा से तिलक कहता है—'फीरोज़ा, मैं हिन्दुस्तान नहीं जाना चाहता। मेरी एक छोटी बहन थी, वह कहाँ है? क्या दुःख उसने पाया? मरी या जीती है, इन कई बरसों से मैंने इसे जानने की चेष्टा भी नहीं की और भी...मैं हिन्दू हूँ फीरोज़ा। आज तक अपनी आकांक्षा में भूला हुआ, अपने आराम में मस्त, अपनी उन्नति में विस्मृत, गज़नी में बैठा हुआ हिन्दुस्तान को, अपनी जन्मभूमि को और उसके दुःख-दर्द को भूल गया हूँ। सुल्तान महमूद के लूटों की गिनती करना, उस रक्त-रंजित धन की तालिका बनाना, हिन्दुस्तान के ही शोषण के लिए सुल्तान को नई-नई तरकीबें बताना, यही तो मेरा काम था जिससे आज मेरी इतनी प्रतिष्ठा है। दूर रहकर मैं सब कुछ कर सकता था, पर हिन्दुस्तान ही मुझे जाना पड़ा—उसकी गोद में फिर रहना पड़ा—तो मैं क्या करूँगा।'[21] अपने देश के प्रति सुल्तान के साथ काम करना, अपनी ही बहिन की चिन्ता न करके और एक देश में रहना, देश-स्नेह का अभाव, ये भी मानव-धर्म की पराजय है। इन सब की ओर कहानीकार ने संकेत किया भी है।

नीति

मनुष्य के व्यवहार के आधार पर उचित और अनुचित कार्यों के लिए ही नीति का समर्थन है। उचित व्यवहार ही नीति की संज्ञा से जाना जाता है। मनुष्य अपनी शैशव अवस्था पार करते ही कर्तव्यों के बन्धन में बँध जाता है। वह उनसे मुक्त नहीं हो सकता। सत्य, अहिंसा, परोपकार, पारिवारिक नीति, भाई-भाई, भाई-बहिन आदि ही असल में प्रसाद की कहानियों में नीति का समर्थन करते हैं।

(अ) प्रसाद ने सत्य को उच्च स्थान प्रदान करते हुए उसे धर्म की कोटि में रखा है। उनका मत है कि सत्य महान धर्म है। इतर धर्म क्षुद्र हैं और उसी के अंग हैं। वह तप से भी उच्च हैं, क्योंकि वह दम्भविहीन है। वह शुद्ध-बुद्धि की आकाशवाणी, वह अन्तराल की सत्ता है। 'आँधी' कहानी में प्रज्ञासारथि के शब्दों में–'सुख और दुःख आकाश और पृथ्वी, स्वर्ग और नरक के बीच में ही वह सत्य है, जिसे मनुष्य प्राप्त कर सकता है।'[22]

(ब) गाँधीवादी विचारधारा से प्रभावित होकर कहानीकार ने कर्म की अहिंसक प्रवृत्ति को महत्व दिया है। प्रसाद के अनुसार अहिंसा का अर्थ हिंसा न करने से ही नहीं है, अपितु अनाचारी, बुराई करने वाले व्यक्ति को सन्मार्ग की ओर प्रवृत्त करने से है। 'अशोक' कहानी में महाराज अपने भाई वीताशोक द्वारा जैनों को शरण देने के अपराध में हत्या का समाचार मिलते ही जीव-हिंसा बन्द कराकर अहिंसावादी प्रवृत्तियों का निर्वाह करता है। कुणाल ने दो अश्वारोही जो राजा की आज्ञा के अनुसार जैनियों की हत्या करने आ रहे थे, उनको रोककर कहा–"बस, हो चुका, मैंने आपको इसलिए कष्ट दिया है कि इन निरीह मनुष्यों की क्यों हिंसा की जा रही है?"[23] यहाँ कुणाल के कहने का तात्पर्य यह है कि निरीह प्राणियों पर हिंसा करना पाप है और इसी में बौद्ध-धर्म का प्राण है। यहाँ अहिंसा की प्रवृत्ति का समर्थन किया गया है।

(स) सामाजिक प्राणी होने के कारण अन्य मनुष्यों का हित-चिन्तन करना, आपत्तिकाल में उनके कष्टों को सहन करते हुए उनको सहयोगी बनाना ही प्रसाद के अनुसार मानव का धर्म है। 'अशोक' कहानी में महात्मा अशोक से प्रताड़ित जैनियों को अपनी कुटिया में आश्रय देकर वीताशोक परोपकार का निर्वाह करता है। परोपकार के बारे में सारथि का कथन ही देखिए–"आप लोग इस समीप की कुटी में चलिए, यहाँ कोई महात्मा हैं, वह अवश्य आप लोगों को आश्रय देंगे।"[24] यहाँ सारथि इस बात को स्पष्ट करना चाहते हैं कि ऐसे व्यक्ति भी समाज में हैं जो निरह प्राणियों को भी आश्रय देकर परोपकार का प्रतिशब्द पालन करेंगे।

(द) प्रत्येक व्यक्ति परिवार में जन्म लेता है। उसका पालन-पोषण भी परिवार में ही होता है। वहीं पर वह माता-पिता, व गुरुजनों, भाई-बहनों तथा अन्य सम्बन्धियों

से उचित व्यवहार करने की शिक्षा प्राप्त करता है। पारिवारिक वैमनस्य से गृहस्थ नरक-तुल्य हो जाता है। इसीलिए प्रसाद पारिवारिक-शान्ति पर बल देते हैं।

पुत्री के सम्बन्ध में पिता का यह मत है कि सयानी होने पर उसे अविवाहित न रखा जाए। प्रसाद ने इसी कारण 'चित्तौड़ उद्धार' में मालदेव द्वारा उसकी विधवा पुत्री का (जोकि आठ वर्ष की अपरिपक्वावस्था में ही विधवा हो गई थी) विवाह हम्मीर से कराया है। जहाँनारा अपने पिता शाहजहाँ की रुग्णावस्था में प्राण-प्रण से सेवा करती है।

परिवार में भाई का स्थान उच्च है। यह बात सत्य है कि भाई जैसा मित्र और शत्रु संसार में नहीं है। वह समय के साथ दोनों रूप धारण कर लेता है। 'अशोक' कहानी में महाराज अशोक अपने भाई वीताशोक की जैनियों को शरण देने के कारण हत्या हो जाने पर बन्धु-शोक में हत्या की आज्ञा बन्द करा देते हैं तथा स्थान-स्थान पर जीव-हिंसा न कराने की आज्ञा पत्थरों पर खुदवा देते हैं।

परिवार में भाई-बहिन का सम्बन्ध घनिष्ठ है। प्रसाद ने बहिन के आदर्श को प्रस्तुत किया है। 'जहाँनारा' कहानी में औरंगजेब और जहाँनारा का सम्बन्ध इसका श्रेष्ठ उदाहरण है। जहाँनारा की अन्तिम दयनीय स्थिति देखकर औरंगज़ेब का मन पिघल गया और वह बोला—"बहिन, कुछ हमारे लिए हुक्म है?" फिर जहाँनारा से हाथ में एक पुरजा मिलने के बाद औरंगजेब ने पूछा—"बहिन क्या तुम हमें माफ करोगी?"[25] यहाँ औरंगज़ेब और जहाँनारा का भाई-बहिन सम्बन्ध स्पष्ट किया गया है। 'करुणा की विजय' नामक कहानी में असहाय मोहन चने बेच कर अपनी बहिन रामकली का जीवन-निर्वाह करते हुए भाई के कर्तव्य का पालन करता है। प्रसाद कहते हैं—"अपने अदृष्ट के सामने हार मानकर रामकली को उसने खिलाया। बचा हुआ जो था उसने मोहन के पेट की गरमी और भी बढ़ा दी।"[26]

शिष्य और गुरुजनों का सम्बन्ध प्राचीन काल से ही महान माना जाता था। प्रसाद ने भी इस सम्बन्ध को अपनी कहानियों में श्रेष्ठता प्रदान की है। 'व्रत-भंग' कहानी में राधा मगध की महादेवी से कहती है—'हाँ महादेवी, जब गुरुजनों की आज्ञा है, तब उसे तो मानना ही पड़ेगा।...किसी अन्य प्रकार से गुरुजनों की इच्छा को टाल देना यह मेरी धारणा के प्रतिकूल है, महादेवी।'[27] यहाँ कहानीकार ने यह स्पष्ट किया है कि गुरुजनों की आज्ञा का पालन न करना, उनसे करने वाला पाप ही होगा। उन आज्ञाओं का पालन करना ही प्रत्येक शिष्य का कर्तव्य है।

निष्कर्ष रूप में यह कहा जा सकता है कि प्रसाद ने 'आर्य सम्मत ब्रह्म' का प्रतिपादन किया है, जो सगुण और साकार है तथा अपने भक्तों के दुःख को दूर करने के लिए भूतल पर अवतीर्ण होता है। सगुण ब्रह्म के प्रतिपादन में वे प्राचीन परम्परा का आश्रय लेते हैं और मन्दिर तथा पूजा के विविध उपकरणों को भी ग्रहण

करते हैं, जो प्राचीन भारतीय संस्कृति का आधार-स्तम्भ हैं। वे आधार नीति को व्यक्ति को आध्यात्मिक उन्नति के लिए सहायक मानते हैं। परिवार नीति में वे माता-पिता, पुत्र-पुत्री, भाई-बहन, पति-पत्नी, गुरुजन-शिष्य के कर्तव्यों को बतलाते हुए उन्हें उचित व्यवहार करने का सुझाव देते हैं। सामाजिक नीति में सामाजिक जीवन को सुव्यवस्थित रखने के लिए मार्ग-दर्शन करते हैं। इस प्रकार प्रसाद उक्त सभी नैतिक आदर्शों का निर्वाह धार्मिक आधार पर करते हैं। मूलतः उनके नैतिक आदर्श प्राचीन धर्म-ग्रन्थों का आश्रय लेकर आगे बढ़े हैं, फिर भी उस सामाजिक नैतिक विचारधारा की वे उपेक्षा नहीं कर सके हैं। इसलिए प्रसाद का कहानी-साहित्य ने धार्मिक और नैतिक क्षेत्र में एक आदर्श ही स्थापित किया है।

4. प्रसाद ने अपनी कहानियों में दार्शनिकता का सहारा लेकर साहित्य को आनन्द प्रदायक बना दिया है। शैवगम और बौद्ध-दर्शन, दोनों के सूत्रों से उनके भावों का विचारतल परिपुष्ट हुआ है। समरसतावाद, आनन्दवाद, नियतिवाद, आभासवाद और स्वतन्त्रतावाद जिनका सम्बन्ध शैव-दर्शन से है, बौद्धों के दुःखवाद, क्षणिकवाद और करुणावाद से मिलकर हतप्रभ नहीं हुए। इनमें कर्मवाद और परमाणुवाद की धाराएँ भी उद्वेलित हो रही हैं। इन धाराओं में कहीं प्रत्यभिज्ञादर्शन, कहीं गीता के दर्शन और कहीं न्यायवैशेषिक की झाँकियाँ मिलती हैं।

(क) प्रसाद का विश्वास था कि जब विराट् ब्रह्म सर्वत्र व्याप्त है, तब वह जीव के अन्तर्गत भी विद्यमान है, किन्तु वह ब्रह्म तो सभी प्रकार के भेद-भाव से रहित है, द्वन्द्वों से परे है और किसी प्रकार के बन्धनों में न बँधकर देश-काल की अवधि से भी सर्वथा परे है, परन्तु यह जीव नाना-प्रकार के भेद-भावों एवं बन्धनों से जकड़ा हुआ है। यह जीवात्मा शुद्ध-बुद्ध है। केवल संसार की कलुषित छाया ही इसे कालुष्यापूर्ण बना देती है। इसी कारण प्रसाद ने 'दुखिया' कहानी में लिखा भी है—'मनुष्य इतना पतित कभी न होता, यदि समाज उसे न बना देता...ओह, हम विद्वेष करके इतने क्रूर बना दिए गए हैं, हमें लोगों ने बुरा बना दिया है। अपने स्वार्थ के लिए हम कदापि इतने दुष्ट नहीं हो सकते थे। हमारी शुद्ध आत्मा में किसने विष मिला दिया है, कलुषित कर दिया है, किसने कपट, चातुरी, प्रवंचना सिखाई है। इसी पैशाची समाज ने, इसे छोड़ना होगा।'[28]

प्रसाद अपनी प्रौढ़ वेला में जीवन के उस चेतन ब्रह्म को ही व्यष्टिगत स्वरूप मानते थे। सचमुच जीवात्मा एक भटकी हुई बुलबुल है, जो इस संसार के अपरिचित कुंज में क्षण-भर के लिए विश्राम करने आती है। यहाँ रोती है, क्रन्दन करती है और बसंत के गुलाबी प्रभात में अपने यौवन में थिरकती हुई अपनी एक मीठी तान सुनाकर तथा अपने-विश्राम का मूल्य चुकाकर चली जाती है।[29] यह जीव जगत में आकर सत्य और झूठ के दल-दल में फँस जाता है और सत्य की छाया को नहीं

छू जाता, क्योंकि वह सदैव अन्धकार में रहता है। उसे उस क्षण यह भान नहीं रहता कि जीवन सत्य है, संवेदन सत्य है, आत्मा के आलोक में अन्धकार कुछ नहीं है। वास्तव में आत्मा ही जीव के रूप में अज्ञात प्रदेशों से आकर संसार में जन्म लेती है, फिर अपने लिए कितने ही स्नेहमय सम्बन्ध बना लेती है।

जीव को अलग करने वाली वह अलौकिक सत्ता कौन सी है? उस माया ने बुद्धगुप्त और चम्पा को अलग किया है। बुद्धगुप्त का कथन है–'चम्पा। हम लोग जन्म-भूमि भारतवर्ष से कितनी दूर इन निरीह प्राणियों में इन्द्र और शची के समान पूजित हैं। पर न जाने कौन अभिशाप हम लोगों को अभी तक अलग किए हैं। स्मरण होता है वह दार्शनिकों का देश। वह महिमा की प्रतिमा।'[30] यहाँ जीव को अलग करने वाली उस अलौकिक सत्ता की खोज के बारे में कहा गया है।

(ख) स्वच्छन्द एवं स्वतन्त्र मनोवृत्ति के फलस्वरूप प्रसाद की मध्यकालीन रचनाओं में तो जहाँ-तहाँ कभी-कभी संसार की असारता एवं क्षणभंगुरता का स्वर भी गूँजता हुआ सुनाई पड़ता है, किन्तु अपनी प्रौढ़ वेला में आकर प्रसाद को यह दृढ़ विश्वास हो गया था कि संसार असत्य एवं मिथ्या नहीं है, अपितु सत्य हैं, संसार क्षणभंगुर नहीं, अपितु नित्य है। यहाँ लालसा क्रन्दन करती है, दुःखानुभूति हँसती है और नियति अपने मिट्टी के पुतलों के साथ अपना क्रूर मनोविनोद करती है। विधाता की यह सृष्टि विषमता से भरी हुई है और चेष्टा करके भी इसमें आर्थिक या शारीरिक साम्य नहीं लाया जा सकता। यदि समस्त प्राणियों की व्यवस्था एक-सी ही की जाती, तो यह सृष्टि कैसे नीरस होती है और फिर यहाँ उस विधाता की क्रीड़ा कैसे चलती, जिसके फलस्वरूप कहीं देवबालाओं के नृत्य हो रहे हैं, तो कहीं राज्य विप्लव हो रहे हैं, कहीं अतलांत समुद्र सूख रहा है, तो कहीं महा मरुस्थल में जल की धाराएँ बहने लगी हैं।

(ग) प्रसाद शिव के उपासक थे। उनके प्रत्यभिज्ञादर्शन में तीन पदार्थों अथवा तीन तत्वों के स्थान पर जैसे एक शिव को ही परम तत्व के रूप में स्वीकार किया गया है। जिस प्रकार शैव दर्शन अथवा शैवागमों में बुद्धि की विकल्पना अथवा प्रज्ञा के सहारे शिव के स्वरूप की कल्पना की गई है, उसी प्रकार प्रसाद ने भी शिव के स्वरूप का चित्रण किया है। प्रसाद के शिव स्वतन्त्र हैं, सर्वोच्च शक्ति, ईश, ईश्वर एवं परमेश्वर हैं। वे ही भगवान हैं और सम्पूर्ण विश्व के वैभव का स्रोत एवं स्वामित्व उन्हीं को प्राप्त है। प्रसाद ने 'आँधी' संग्रह में इसका उल्लेख किया है। अनेक नामों से अभिहित कर प्रसाद ने बताया है कि यह सारा जगत उनका अद्‌भुत शिल्प है और वे इसके शिल्पी हैं। 'गूदड़ी में लाल' कहानी में प्रसाद जी एक बुढ़िया के द्वारा इसका समर्थन करते हैं–'अभागिनी बुढ़िया, एक भले घर की बहू-बेटी थी। उसे देखकर दयालु वयोवृद्ध, हे भगवान! कहके चुप हो जाते थे। दुष्ट कहते थे, कि अमीरी में

बड़ा सुख लूटा है। नवयुवक देश भक्त कहते थे, देश दरिद्र है खोखला है। अभागे देश में जन्म ग्रहण करने का फल भोगती है। आगामी भविष्य की उज्ज्वलता में विश्वास रखकर हृदय के रक्त पर सन्तोष करो। जिस देश का भगवान ही नहीं, उसे विपत्ति क्या। सुख क्या।'[31] यहाँ ईश्वर के कई रूप प्रस्तुत करके कई नामों से अभिहित किया गया है। प्रसाद के हृदय में दैहिक, दैविक एवं भौतिक तापों से संतप्त जीवों के प्रति असीम करुणा भरी हुई है, इसी कारण वे करुणा-करुणालय, करुणानिधि अथवा करुणा-सिन्धु कहलाते हैं। उनके शिव करुणानिधान, दीनानाथ, दीनबंधु, अशरण-शरण, पथ-भ्रष्टों के पथ-प्रदर्शक और दुस्साध्य कार्य को पूर्ण करने वाले हैं। प्रसाद ने ब्रह्म को लिंग के रूप में प्रतिष्ठित होने के कारण 'एकलिंगेश्वर' बताया है। 'चित्तौड़ उद्धार, कहानी में यह स्पष्ट रूप से कहानीकार ने कहा है। उनकी अधिकांश कहानियों में शैवदर्शन का प्रभाव दिखाई पड़ता है।

(घ) प्रसाद पर बौद्ध धर्म तथा बौद्ध-दर्शन का गहरा प्रभाव पड़ा है। और उन्होंने अपनी रचनाओं में यत्र-तत्र बौद्ध दर्शन के प्रमुख-प्रमुख सिद्धान्तों का उल्लेख भी किया है। बौद्ध-दर्शन के 'सर्व क्षणिक, सर्व दुःखं, सर्वनात्मकम्' कहकर तीन प्रमुख सिद्धान्तों का प्रतिपादन किया गया है, जो क्षणिकवाद, दुःखवाद एवं अनात्मवाद कहलाते हैं। संसार और प्रकृति की भाँति प्रसाद ने जीवन को भी क्षणिक कहा है तथा यहाँ सब कुछ क्षणिक कहा है। 'स्वर्ग के खँडहर में' कहानी में यह स्पष्ट दिखाई पड़ता है। बौद्ध-दर्शन के दूसरे सिद्धान्त दुःखवाद का भी प्रसाद पर गहरा प्रभाव दिखाई देता है। उन्होंने 'इन्द्रजाल' और 'आँधी' कहानियों में कहा है—यह सारा संसार दुःख से भरा है। करुणा से दुःखी हृदय नीरव क्रन्दन को अन्तरात्मा की श्रवणेन्द्रिय को सुनने के लिए बाध्य करता है। करुणा की ही विजय दरिद्रता पर होती है और करुणा ही सबकी रक्षा करती है। प्रसाद के अनुसार निरीह प्राणियों का निर्दयता से वध करना पाप कहा है।[32]

दर्शन के क्षेत्र में प्रसाद का आदर्शवाद वैदिक और बौद्ध-दर्शन के धरातल पर प्रतिष्ठित हुआ है। वैदिक दर्शन में ब्रह्म और माया के पारस्परिक सम्बन्ध का आदर्श 'प्रलय' कहानी में चरितार्थ हुआ है, जहाँ शाश्वत, निराकार और अद्वैत ब्रह्म अपने अस्तित्व के लिए सर्वदा स्वयं अपने को व्यक्त करता रहता है। ब्रह्म का तांण्डिव नृत्य होता है और माया उनमें विश्व की प्राचीनता और रमणीयता, स्वर्ग और प्रलय सब एक साथ देखती है और अन्त में नई सृष्टि के आरम्भ के लिए ब्रह्म और माया का आनन्दमय मिलन होता है। प्रसाद ने 'प्रलय' कहानी में इसका मिलन स्पष्ट किया है—'आओ, यह प्रलय रूपी तुम्हारा मिलन आनन्दमय हो। आओ। अखंड शान्ति! आलोक! आनन्द!'[33]

इसके अतिरिक्त वैदिक दर्शन के अन्य अंग भी हैं—प्रकृति और नियति। इसी

नियति की शक्ति में सारी प्रकृति, सारा ब्रह्मांड प्रचलित है। इसी नियति से आदर्श को प्रतिष्ठित करने के ही फलस्वरूप प्रसाद की कहानियों में स्थान-स्थान पर अप्रत्याशित संयोग और दैवी घटनाएँ आई हैं तथा पात्र मरते गए हैं, प्रसाद का विश्वास है कि सब एक परोक्ष सत्ता, नियति के हाथ के कन्दुक हैं, मानव-चरित्र स्वयं अपने में कुछ नहीं है।

बौद्ध-दर्शन के सारभूत तत्व हैं—करुणा, सत्य और उत्सर्ग। बौद्ध-दर्शन का यह आदर्श मुख्यतः प्रसाद की समस्त कहानियों की आत्मा है। 'आँधी', 'आकाशदीप', 'देवरथ', 'दासी', 'ग्राम-गीत' आदि कहानियाँ तो इस आदर्श की अमर प्रतीक हैं।

'मदन मृणालिनी' में प्रेम-कथा के साथ दार्शनिक व्याख्याएँ भी हैं। विश्व में चिन्ता के अस्तित्व का वर्णन करते हुए लेखक स्वयं से पूछता है कि 'संसार में कौन चिन्ताग्रस्त नहीं है? पशु-पक्षी, कीट-पतंग, चेतन और अचेतन, सभी को किसी प्रकार की चिन्ता है। जो योगी हैं, जिन्होंने सब कुछ त्याग दिया है, संसार जिसके वास्ते असार है, उन्होंने भी इसको स्वीकार किया है। यदि वे आत्म चिन्तन न करें, तो उन्हें योगी कौन कहेगा?'[34] चिन्ता के विश्वव्यापी स्वरूप की व्यंजना से लेख की दार्शनिक-वृत्ति स्पष्ट है। कहानीकार का उद्देश्य यह सूचित करना है कि प्रकृति के नित-नूतन सौन्दर्य में, देशाटन में जो मनोरंजन होता है, उसका मूल कारण नवीनता की आकांक्षा है।

'ज्योतिष्मती' कहानी में ज्योतिष्मती को चैतन्य रूप ब्रह्मा का, वनलता को प्रकृति का और साहसी युवक को लौकिक जीव का, प्रतीक मानने से कहानी का एक आध्यात्मिक अर्थ लगने लगता है। ज्योतिष्मती को पाने के लिए वनलता और साहसी युवक के प्रयत्न परम पुरुष के साथ संयोग के लिए प्रकृति और जीव की साधना है। ज्योतिष्मती के द्वारा वनलता के वृद्ध-पिता के नेत्रोन्मोलन की सम्भावना, ज्ञान के आलोक द्वारा जीव के लौकिक संस्कारों से मुक्त हो जाने का संकेत है। आध्यात्मिक प्रेम की साधना को छोड़कर केवल साहसी मनोवृत्ति के द्वारा ज्योतिष्मती को प्राप्त करने के लिए युवक का प्रयत्न, लौकिक माया से आवृत्त, अहंवादी जीव की असफल साधना है। लौकिकता से मुक्त होकर शुद्ध प्रेम के द्वारा ही ज्योतिष्मती या ब्रह्म की उपलब्धि हो सकती है। कहानी में इस भाव की व्यंजना है।

'रमला' कहानी में रमला खीज प्रकृति की प्रतीक है। उसका प्रिय सहचर साजन उसके वियोग में तड़पकर फिर उसी की गोद में पहुँचता है। यह प्रकृति और पुरुष का शाश्वत संयोग है जिसके द्वारा सच्चा आनन्द मिलता है। जब प्रशान्त रमला में एक फूल हिलने लगा तो साजन ने आँख उठाकर देखा—'पहाड़ी की चोटी पर एक तारिका रमला के उदास भाल पर सौभाग्य-चिह्न-सी चमक उठी थी। देखते-देखते रमला का वक्ष नक्षत्रों के हार से सुशोभित हो उठा।'[35] यहाँ ब्रह्म की चमक-दमक और नक्षत्रों

के हार से उसका सुशोभित होना प्रसाद की दार्शनिक चेतना का परिणाम है। ब्रह्म को शोभित और सौभाग्य-चिह्न के रूप में प्रसाद ने चित्रित किया है। यहाँ रमला झील प्रकृति का एक सुन्दर प्रतीक ही नहीं, सारी सृष्टि का पर्याय है जो इस जगत को सुशोभित करता है।

'प्रलय' कहानी के अन्त में जाकर शक्ति और पुरुष का संयोग हो जाने पर रमणी धीरे-धीरे प्रलय और सृष्टि का रहस्य समझने लगी—'अब कुछ-कुछ जान रही हूँ, जैसे मेरा अस्तित्व स्वप्न था, आध्यात्मिकता का मोह था, जो तुम से भिन्न, स्वतन्त्र रूप की कल्पना कर ली थी, वह अस्तित्व नहीं विकृति थी।'[36] तब प्रलय रूपी मिलन आनन्दमय हो गया। चन्दा' कहानी में हीरा और चन्दा की प्रणय-कथा ही वस्तु है। हीरा की मृत्यु के उपरान्त चन्दा भी आत्महत्या कर लेती है। अन्तिम क्षण में प्रस्फुटित शब्द—'हीरा...हम...तुमसे...मिले ही...'[37] से उसके चिर-मिलन की आकांक्षा में अद्वैत-भावना का स्पष्टीकरण है।

(ङ) प्रसाद के दार्शनिक विचारों पर जहाँ सांख्य एवं योग-दर्शन का प्रभाव पड़ा है, वहाँ वे न्याय एवं वैशेषिक दर्शन से भी यत्किंचित प्रभावित जान पड़ते हैं। प्रसाद ने परमाणुओं से सृष्टि का विकास स्वीकार किया है। परमाणुओं के रूप में भी वही शुद्ध-चेतना सदैव विद्यमान रहती है। प्रलय में ये परमाणु बिखर जाते हैं। 'दुखिया' कहानी में यह हम देख सकते हैं। इस छोटे से जगत में सभी की जीवन-रक्षा करने वाले एक हैं भगवान। 'दुखिया' में प्रतीकों को लेकर प्रसाद ने यह स्पष्ट किया है—'ज़मींदार की पशुशाला थी। हाथी, ऊँट, घोड़ा, बुलबुल, भैंस, गाय, बकरे, बैल, लाल, किसी की कमी नहीं थी। एक दुष्ट नजीब खाँ इन सबों का निरीक्षक था।'[38] जब दुखिया की नौकरी का अन्त होता है तो सब कुछ दूर-दूर रह जाते हैं। यहाँ ब्रह्म को इस जगत के जीवों से गहरा सम्बन्ध स्थापित किया गया है। ब्रह्म के बिना यह जगत स्थायी नहीं रह सकता। इस जगत में ब्रह्म के बिना कोई भी चेतन-वस्तु जीवन नहीं बिता सकती। यही 'दुखिया' कहानी में चित्रित है। शंकर वेदान्त के विचारों से प्रसाद के दार्शनिक विचारों का साम्य होने पर भी वे केवल द्वैतवादी नहीं हैं, क्योंकि शंकर के अद्वैतवाद में निर्गुण एवं सगुण ब्रह्म में भेद माना गया है। जबकि प्रसाद ब्रह्म या शिव को निर्गुण एवं सगुण दोनों रूपों में देखते हैं। उनके ब्रह्म अदृष्ट हैं। 'देवदासी' कहानी में पद्मा का कथन देखिए—'कहाँ जाऊँ, मैं देवता के लिए उसर्क कर दी गई हूँ।'[39]

प्रसाद ने आधुनिक मानव की समस्याओं को, जीवन की विषम विडम्बना को अथवा मानवता की सतत विफलता को भली प्रकार समझ लेने का प्रयत्न किया और इसका निराकरण करने के लिए अपने कहानी-साहित्य के माध्यम से एक ऐसे दार्शनिक चिन्तन का आविष्कार किया, जिसे 'आनन्दवाद' के नाम से अभिहित करना

सर्वथा समीचीन एवं उपयुक्त प्रतीत होता है। प्रसाद का यह आनन्दवाद, भारतीय दर्शनों की पुरातन परम्परा में पल्लवित होकर भी अत्यन्त मौलिक, स्वाभाविक, व्यावहारिक एवं युगानुकूल है, क्योंकि प्रसाद के इस दार्शनिक चिन्तन में श्रुति-स्मृति तथा आगमों द्वारा प्रतिपादित विचारधारा के साथ-साथ आधुनिक मानवतावादी दार्शनिक विचारों का भी समावेश हुआ है, जिसके परिणामस्वरूप प्रसाद का यह 'आनन्दवाद' सनातन होकर भी नवीन है, परम्परागत होकर भी स्वतन्त्र है और अन्य दर्शकों से प्रभावित होकर भी सर्वथा मौलिक है।

निष्कर्ष रूप में यही कहा जा सकता है कि प्रसाद के कहानी-साहित्य की पीठिका में भारतीय संस्कृति का प्रमुख योग है। प्रसाद ऐतिहासिक कथानकों को लेकर कल्पना और वास्तविकता से अपनी कहानियों को संस्कृति में ले आए हैं। समाज-संगठन से लेकर साहित्य तक संस्कृति की अभिव्यक्ति के सारे तत्व प्रसाद की कहानियों की कसौटी ही हैं। अपने पाँचों कहानी-संग्रहों में प्रसाद ने समाज का एक ऐसा सुन्दर चित्रण किया है जिसके मूल में भारतीय संस्कृति ही निहित है। वे धर्म के उस इतिहास के समर्थक नहीं है जिसने भारत को छिन्न-भिन्न किया है, वरन् इतिहास से उस धर्म की खोज करते हैं जिसमें सहिष्णुता और उदारता का बल और मानवता की शक्ति है, किन्तु इससे वे स्मृति-धर्म की उपेक्षा नहीं करते। प्रसाद ने अपने कहानी-साहित्य को भारतीय संस्कृति की उस पृष्ठभूमि पर प्रतिष्ठित किया है जिसमें रूढ़ियों और अंधविश्वासों का सर्वथा अभाव है।

सन्दर्भ

1. डॉ. जगन्नाथ प्रसाद शर्मा—विशाख (भूमिका), प्रथम संस्करण।
2. डॉ. जगन्नाथ प्रसाद शर्मा—प्रसाद के नाटकों का शास्त्रीय अध्ययन, पृ. 239-40
3. जयशंकर प्रसाद—विशाख (भूमिका) प्रथम संस्करण।
4. सत्यकेतु विद्यालंकार—भारत का प्राचीन इतिहास, पृ. 219
5. खँडहर की लिपि (कहानी)—प्रतिध्वनि (संग्रह), पृ. 58
6. डॉ. परमानन्द श्रीवास्तव—हिन्दी कहानी की रचना-प्रक्रिया, पृ. 99
7. प्रसाद—अशोक (कहानी)—छाया (संग्रह), पृ. 68
8. प्रसाद—गुलाम (कहानी)—छाया (संग्रह), पृ. 91
9. प्रसाद—नीरा (कहानी)—आँधी (संग्रह), पृ. 131
10. प्रसाद—नीरा (कहानी)—आँधी (संग्रह), पृ. 113
11. प्रसाद—प्रतिमा (कहानी)—प्रतिध्वनि (संग्रह), पृ. 76
12. प्रसाद—नूरी (कहानी)—इन्द्रजाल (संग्रह), पृ. 38
13. प्रसाद—सलीम (कहानी)—इन्द्रजाल (संग्रह), पृ. 12
14. प्रसाद—सलीम (कहानी)—इन्द्रजाल (संग्रह), पृ. 15
15. प्रसाद—सलीम (कहानी)—इन्द्रजाल (संग्रह), पृ. 15
16. प्रसाद—सलीम (कहानी)—इन्द्रजाल (संग्रह), पृ. 18

17. प्रसाद–सलीम (कहानी)–इन्द्रजाल (संग्रह), पृ. 20
18. प्रसाद–पाप की पराजय (कहानी)–प्रतिध्वनि (संग्रह), पृ. 33
19. प्रसाद–सालवती (कहानी)–इन्द्रजाल (संग्रह), पृ. 116
20. प्रसाद–आँधी (कहानी)–आँधी (संग्रह), पृ. 21
21. प्रसाद–आँधी (कहानी)–आँधी (संग्रह), पृ. 60
22. प्रसाद–आँधी (कहानी)–आँधी (संग्रह), पृ. 36
23. प्रसाद–अशोक (कहानी)–छाया (संग्रह), पृ. 73
24. प्रसाद–अशोक (कहानी)–छाया (संग्रह), पृ. 75
25. प्रसाद–जहाँनारा (कहानी)–छाया (संग्रह), पृ. 100
26. प्रसाद–करुणा की विजय (कहानी)–प्रतिध्वनि (संग्रह), पृ. 53
27. प्रसाद–व्रत-भंग (कहानी)–आँधी (संग्रह), पृ. 96-97
28. प्रसाद–प्रतिमा (कहानी)–प्रतिध्वनि (संग्रह), पृ. 77
29. प्रसाद–अघोरी का मोह (कहानी)–प्रतिध्वनि (संग्रह), पृ. 25
30. प्रसाद–आकाशदीप (कहानी)–आकाशदीप (संग्रह), पृ. 11
31. प्रसाद–गूदड़ी में लाल (कहानी)–प्रतिध्वनि (संग्रह), पृ. 16
32. प्रसाद–अशोक (कहानी)–छाया (संग्रह), पृ. 79
33. प्रसाद–प्रलय (कहानी)–प्रतिध्वनि (संग्रह), पृ. 84
34. प्रसाद–मदन मृणालिनी (कहानी)–छाया (संग्रह), पृ. 110
35. प्रसाद–रमला (कहानी)–आकाशदीप (संग्रह), पृ. 177
36. प्रसाद–प्रलय (कहानी)–प्रतिध्वनि (संग्रह), पृ. 84
37. प्रसाद–चन्दा (कहानी)–छाया (संग्रह), पृ. 20
38. प्रसाद–दुखिया (कहानी)–प्रतिध्वनि (संग्रह), पृ. 71
39. प्रसाद–देवदासी (कहानी)–आकाशदीप (संग्रह), पृ. 94

उपसंहार

प्रसाद की कहानियों में समाज और संस्कृति का समन्वय

कहानीकार जयशंकर प्रसाद आधुनिक हिन्दी कहानी-साहित्य के प्रवर्तक माने जाते हैं। सर्वतोमुखी प्रतिभा वाले प्रसाद ने कहानियों में कवितात्मकता के साथ-साथ भाव गम्भीरता को भी प्रमुखता दी है। कहानी का सर्वथा भावात्मक होना कहानी से दूर हटकर काव्य के पास पहुँचने वाली बात कही जाती है। स्वच्छन्दतावादी, मानवतावादी, और यथार्थवादी उनकी कहानियों में मानवीय संवेदनाएँ, जीवन-संघर्ष और अतीत-वर्तमान की समस्याएँ झलकती हैं। सुख-दुःख, आशा-निराशा, और इच्छा-संकल्पों की अभिव्यक्ति ही प्रसाद की कहानियों की मानवतावादी चेतना है। ऊर्ध्वमान चेतना को अभिव्यक्ति देने के अतिरिक्त प्रसाद अपने अन्तःमन के व्यक्तित्व को गढ़ने में भी सफल रहे हैं।

साहित्यकार समाज का एक चेतन प्राणी है। अतः स्वाभाविक रूप से युगीन गतिविधियों का अंकन उसकी रचनाओं में होता ही है। प्रसाद ने युग-जीवन और समाज का चित्रण अपनी कहानियों में किया है। व्यक्ति का जीवन मूल्यवान, प्रामाणिक एवं आकर्षक तभी बन पड़ता है जब समाज उसका माध्यम बन जाता है। सुख-दुःख, आशा-निराशा आदि जीवन के विभिन्न पहलू हैं और इनके समन्वय से ही जीवन सफल भी होता है। ऐसे एक समाज का रंगीन चित्र ही प्रसाद ने खींचा है। व्यक्ति-जीवन का समाज में अपना एक स्थान है। प्रसाद की कहानियों के पात्र अस्वतन्त्र न रहकर अपने स्वतन्त्र व्यक्तित्व को लिए हुए हैं।

प्रसाद की कहानियों में आदर्श की प्रतिष्ठा सबसे बड़ी विशेषता रही है। यह आदर्शवादी समाज और दर्शन एवं व्यक्ति तीनों क्षेत्रों में समान रूप से व्यंजित हुए हैं। सामाजिक क्षेत्र में प्रसाद का यह आदर्शवाद अपनी दो विशेषताओं के साथ मिलता है—कहीं पुरातन मर्यादा का समर्थन और कहीं सामाजिक मान्यताओं के प्रति क्रान्ति। अपनी उदार और प्रगतिशील दृष्टि से प्रसाद ने अपना कर्तव्य निभाया है। पुरातन मर्यादाओं में प्रसाद ने केवल प्रेम-तत्व को स्थान दिया है, जो वस्तुतः एक महान

और चिन्तन आदर्श का प्रतीक है। प्रसाद ने व्यक्ति और समाज, इन दोनों में व्यक्ति को ही प्रमुखता दी है।

प्रसाद का समाज सूक्ष्म है, किन्तु यथार्थ से दूर नहीं। उनकी कल्पनापूर्ण और काव्यात्मक कहानियों में भी मध्यवर्गीय व्यक्ति की सामाजिक समस्याएँ, मानवीय व्यवहार और परिस्थितियों की यथार्थ कल्पनाएँ निहित हैं। उन्होंने एक ऐसे प्रगतिशील समाज की परिकल्पना की है, जिसके व्यक्ति की आन्तरिक अनुभूतियों के साथ टकराहट होने की सम्भावना नहीं है। कल्पनाप्रसूत कहानियों में यथार्थ को स्थूल रूप से जोड़ दिया है। तो भी मूल विषय मानवीय संवेदना ही रहा है।

प्रसाद की कहानियों में तत्कालीन समाज में प्रचलित विभिन्न सामाजिक स्थितियों का सूक्ष्म निरीक्षण किया गया है। दहेज-प्रथा, सती-प्रथा, पुनर्विवाह, वैधव्य आदि के अतिरिक्त वेश्यावृत्ति को भी उन्होंने नहीं छोड़ा है। वर्ण-व्यवस्था, आश्रम-व्यवस्था, दाम्पत्य जीवन, पुरुष-नारी भेद को भी स्पर्श करके प्रसाद ने उक्त विचारों को यथा सम्भव सहज अभिव्यक्ति दी है। नारी-आदर्श को चित्रित करके मानव-समाज के उत्तमांश नारी पर अत्यन्त सहानुभूतिपूर्वक, विस्तृत एवं गहन विचार प्रसाद ने किया है। नारी का मूल या आदर्श स्वरूप, उसका सृष्टि विधान में, जीवन और समाज में महत्व व स्थान नारी स्वातान्त्र्य, उसकी आर्थिक दशा, प्रेम और विवाह, गुण और अवगुण के साथ-साथ जीवन की विडम्बना व नारी की वर्तमान दुःखावस्था, पुरुष का अत्याचार, हिन्दू विधवा और उसका जीवन आदि सारे के सारे रूपों को स्पर्श करके नारी का समग्र एवं सम्पूर्ण चित्र प्रसाद जी ने प्रस्तुत किया है। सामाजिक समस्याओं के अतिरिक्त, आजीविका के साधन जैसे अशन, वसन, आवास, कला आदि का भी सुन्दर समन्वय प्रसाद की कहानियों में हुआ है। वास्तु, संगीत, नृत्य, चित्र और काव्य कला के माध्यम से कहानियों में संस्कृति पक्ष का निर्वाह होता है।

वास्तव में प्रसाद ने अपनी कहानियों में समाज के प्रचलित विभिन्न संस्कारों, जनता के आचार-विचारों, रीति-रिवाज़ों एवं मान-मर्यादाओं का सम्पूर्ण चित्र प्रदर्शित किया है। समाज की दूषित, खलित अवस्थाओं की ओर इशारा करते हुए इन विडम्बनाओं से विहीन एक समाज की कल्पना उन्होंने की है। वह समाज एक आदर्श संस्कृति का द्योतक भी बन जाए, यही इसका सांस्कृतिक पहलू है।

प्रसाद ने अपनी कहानियों में मनुष्य के सामाजिक, राजनीतिक, दार्शनिक, साहित्यिक एवं कलात्मक जीवन के विभिन्न पहलुओं को उद्घाटित किया है।. सामाजिक-व्यवस्था के परिवर्तन के साथ-साथ संस्कृति के अन्य क्षेत्रों में भी विकास होता रहता है। एक आदर्श समाज की एक सुंगठित संस्कृति होती है। संस्कृति बनी बनाई कोई वस्तु नहीं है। इसलिए प्रसाद ने कहानियों के माध्यम से अतीत को वर्तमान रूप दे दिया है। अतीत के आदर्श को प्रस्तुत करने के बहाने से प्रसाद ने वर्तमान यथार्थ को ही लिपिबद्ध किया है।

इतिहास, समाज-संगठन, राजनीति, धर्म-दर्शन, शिक्षा और कला तथा साहित्य, ये ही प्रसाद की कहानियों में संस्कृति की अभिव्यक्ति देने वाले प्रमुख तत्व हैं। इतिहास भूतकाल की संस्कृति एवं समस्त घटनाओं का लेखा-जोखा है। प्रसाद ने मानव-समाज के विकास को ही इतिहास कहा है। इतिहास सम्बन्धी धारणा प्रसाद की कहानियों में दो बातों में प्राप्त हो सकती है—प्रत्यक्ष कथन से और साहित्य में इतिहास-तत्व के समावेश से। इतिहास तभी सार्थक है जबकि वह दर्शन के साथ राष्ट्रीय संस्कृति का भी अविच्छिन्न अंग बन जाए। तात्पर्य यह है कि दर्शन, जीवन, इतिहास और राष्ट्रीयता सभी मिलकर ही सच्चे इतिहास की सृष्टि करते हैं। प्रसाद ने अपनी कहानियों में एक ऐसे इतिहास का अंकन किया है जिससे हमें अगली संस्कृति का बोध हो जाता है। यह इतिहास वर्तमान भारतीय संस्कृति पर ही आधारित है। इसलिए प्रसाद ने इतिहास के माध्यम से एक आदर्श संस्कृति की ओर इशारा किया है।

प्रसाद की कहानियों में राजनीति व्यापक होकर उभर आई है। इसके अन्तर्गत राजा-प्रजा के सम्बन्धों, प्रजा के अधिकार तथा कर्तव्यों, शासकों के अधिकारों, राज्य के तत्वों तथा उनके क्षेत्रों, विभिन्न प्रकार की शासन-प्रणालियों का उल्लेख हुआ है। प्रसाद की यह राजनीति भी इतिहास के माध्यम से ही प्रकट हुई है। अतीत के वर्णन द्वारा उसमें वर्तमान स्थिति का उल्लेख है।

समाज-धर्म की प्रमुखता देते हुए प्रसाद ने अपनी कहानियों में अन्य तीनों व्यक्ति, परिवार और लोक-धर्मों को भी स्थान दे दिया है। संस्कार एवं सद्विचारों को प्रमुखता देने वाले कहानीकार की दृष्टि में बिना धर्म के सद्विचार स्थिर नहीं रह सकते। धर्म संस्कृति का एक प्राण-तत्व है। इसलिए प्रसाद ने धर्म को संस्कृति का एक प्राणवान अंग माना है। नीति ही मानव को उचित मार्ग की ओर उन्मुख करती है। नीति के भी कई क्षेत्र हैं—पारिवारिक, सामाजिक, आर्थिक, राजनीतिक आदि। मर्यादावादी दृष्टि ही प्रसाद की कहानियों में प्रकाशमान है। समाज की दुर्बलताओं और दीर्घ निश्वासों की समाप्ति करके एक सम्पूर्ण संस्कृति की स्थापना ही प्रसाद की कहानियों की नीति रही है। प्रसाद ने यह अच्छी तरह अपनी रचनाओं में महसूस किया है कि सामाजिक असत् के ऊपर सत् की विजय ही संस्कृति का प्राण-तत्व है।

शिक्षा और कला संस्कृति के व्यावहारिक पक्ष पर ज्यादा ज़ोर देती है। मानव के भावों और विचारों को परिष्कृत करने वाले ये दोनों तत्व प्रसाद की कहानियों में निहित हैं। संस्कृति शिक्षा की ही उपज है। जीवन के लिए उपयोगी कलाओं के साथ ही चित्र, वास्तु, काव्य आदि ललित कलाओं का सुन्दर सामंजस्य प्रसाद की कहानियों में मिलता है। शिक्षा और कला मानव के जीवन से सम्बन्धित हैं और ये दोनों संस्कृति के प्रत्येक पहलू में निहित हैं।

अपनी श्रेष्ठतम कथात्मक उपलब्धियों के द्वारा प्रसाद ने संस्कृति का सुन्दर,

मनोरम इतिहास अपने साहित्य में अंकित किया है। साहित्य संस्कृति का वह अंग-विशेष है, जो लिखित या मुद्रित शब्द के माध्यम से हमारे सामने उपस्थित है। साहित्य के बिना प्रसाद की कहानियों में संस्कृति का अस्तित्व ही नहीं रहता। इसलिए संस्कृति के बनाए रखने में साहित्य का एक प्रमुख स्थान रहा है।

प्रसाद की कहानियों में दर्शन प्रमुख रूप से दुःखवाद, करुणावाद आदि पर आधारित है। बौद्ध-दर्शन का प्रभाव प्रसाद की कहानियों में देखने को मिलता है। जीव की नित्यता और जगत की सत्यता का बयान कहानियों में हुआ है। जगत को ब्रह्म के विराट् रूप में चित्रित करके आनन्द को खाद्य मानकर ही कहानियों में दर्शन का अंकन हुआ है। कहानियों के अन्त में दुःखवाद भी आनन्दवाद में परिणत होता है। इसलिए पाश्चात्य कामडी ही प्रसाद के आनन्दवाद में परिलक्षित रहती है। काश्मीरी शैव दर्शन का भी प्रभाव प्रसाद की कहानियों में है। इस प्रकार प्रसाद की कहानियों में दर्शन का भी सुन्दर प्रस्फुटन हुआ है।

निष्कर्ष यह है कि कहानी-सम्राट प्रसाद की कहानियों में समाज और संस्कृति का सुन्दर समन्वय हुआ है। समाज में ही संस्कृति का विकास होता है। सांस्कृतिक जीवन-निर्वाह के लिए समाज-संगठन आवश्यक है। सामाजिक-व्यवस्थाओं में संस्कृति का उद्गम है और एक आदर्श समाज ही सांस्कृतिक चेतना को विकसित करने में सहायक होता है। समाज की दृढ़ता, गठन, व्यवस्था और सुचारुता पर ही संस्कृति का गौरव निर्भर है। बिना समाज के संस्कृति का अस्तित्व नहीं, और एक सुगठित संस्कृति के अभाव में समाज का भी। प्रसाद की कहानियों में जो समाज और संस्कृति के तत्व निहित हैं, वे सारे के सारे भारतीयता के परिवेश में सुगठित हैं। एक आदर्श भारतीय समाज और संस्कृति की झाँकी प्रसाद की कहानियों में मिलती है। वास्तव में प्रसाद की कहानियाँ भाव-तन्मयता और विचारोत्कर्षता के धरातल पर होने पर भी समाज और संस्कृति से अभिन्न अंग नहीं रहीं एवं प्रसाद की कहानियों में समाज और संस्कृति का सुन्दर सामंजस्य भी हुआ है।

परिशिष्ट-1

प्रसाद की कहानियों की कालक्रमिक सूची

प्रस्तुत प्रबन्ध की रचना में 'प्रसाद' की कहानियों के जिन संस्करणों का सहारा लिया गया है, उनकी प्रकाशन तिथियों के साथ यहाँ निर्दिष्ट किया गया है। कहानियों के नाम ऐतिहासिक अनुक्रम में रखे गए हैं और उनके प्रथम प्रकाशन की तिथियाँ भी दे दी गई हैं।

क्रम संख्या	रचना	प्रथम प्रकाशन की तिथि	प्रयुक्त संस्करण	
			संस्करण संख्या	प्रकाशन तिथि
1.	छाया	सन् 1912	पंचम	संवत् 2025 वि.
2.	प्रतिध्वनि	सन् 1922	प्रथम	संवत् 1979
3.	आकाशदीप	सन् 1929	आठवाँ	संवत् 2020 वि.
4.	आँधी	सन् 1933	सप्तम	संवत् 2022 वि.
5.	इन्द्रजाल	सन् 1936	छठवाँ	संवत् 2026 वि.

परिशिष्ट-2

सहायक ग्रन्थों की सूची

1. डॉ. हज़ारी प्रसाद द्विवेदी — अशोक के फूल
2. आचार्य नन्ददुलारे वाजपेयी — आधुनिक साहित्य
3. डॉ. राजेश शर्मा — आधुनिक कथा साहित्य-मान और मूल्य
4. सुमित्रानन्दन पंत — छायावाद पूनर्मूल्यांकन
5. महावीर अधिकारी (सं.) — जयशंकर प्रसाद : जीवन दर्शन, कला और कृतित्व
6. डॉ. मत्स्येन्द्र शुक्ल — जयशंकर प्रसाद : जीवन और साहित्य
7. नन्ददुलारे वाजपेयी — जयशंकर प्रसाद
8. डॉ. रामेश्वरलाल खंडेलवाल — जयशंकर प्रसाद : वस्तु और कला
9. डॉ. संत बख्श सिंह — नई कहानी : कथ्य और शिल्प
10. डॉ. रामचरण महेन्द्र — प्रतिनिधि कहानीकार
11. डॉ. रायकृष्णदास — प्रसाद का जीवन दर्शन
12. डॉ. प्रेमशंकर — प्रसाद का काव्य
13. डॉ. इन्द्रनाथ मदान — प्रसाद प्रतिभा
14. रामरतन भटनागर — प्रसाद की विचारधारा
15. डॉ. इन्दुप्रभा पराशर — प्रसाद साहित्य में मनोभावों का स्वरूप
16. किशोरीलाल गुप्ता — प्रसाद का विकासात्मक अध्ययन
17. डॉ. प्रेमदत्त शर्मा — प्रसाद साहित्य की सांस्कृतिक पृष्ठभूमि
18. डॉ. जगदीशप्रसाद श्रीवास्तव — प्रसाद साहित्य की दार्शनिक पृष्ठभूमि
19. डॉ. द्वारिका प्रसाद सक्सेना — प्रसाद दर्शन
20. डॉ. चक्रवर्ती — प्रसाद की दार्शनिक चेतना
21. डॉ. शंभूनाथ पांडेय — प्रसाद की साहित्य साधना

22. श्रीमती उर्मिलादेवी शर्मा — प्रसाद साहित्य और समीक्षा
23. एस.बी. नरसिंहाचारी — प्रसाद की कहानियाँ : प्रवृत्तिमूलक विश्लेषण
24. श्रीमती सुशीलादेवी, विमला देवी — प्रसाद के उपन्यास और कहानियाँ
25. विनोदशंकर व्यास — प्रसाद और उनका साहित्य
26. सूर्यप्रकाश दीक्षित — प्रसाद का गद्य
27. डॉ. जगन्नाथ प्रसाद शर्मा — प्रसाद के नाटकों का शास्त्रीय अध्ययन
28. वृहत् हिन्दी कोश —
29. शिवदत्त ज्ञानी — भारतीय संस्कृति
30. बाबू गुलाबराय — भारतीय संस्कृति की रूपरेखा
31. डॉ. सत्यकेतु विद्यालंकार — भारतीय संस्कृति और उसका इतिहास
32. मंगलदेव शास्त्री — भारतीय संस्कृति का विकास (वैदिक धारा)
33. डॉ. हज़ारीप्रसाद द्विवेदी — विचार और वितर्क
34. रामधारी सिंह दिनकर — संस्कृति के चार अध्याय
35. सम्पूर्ण प्रसाद साहित्य —
36. डॉ. सरनामसिंह शर्मा — साहित्य-सिद्धान्त और समीक्षा
37. अनु. विश्वंभरनाथ त्रिपाठी — स्वतन्त्रता और संस्कृति
38. डॉ. शान्तिप्रिय द्विवेदी — हमारे साहित्य निर्माता
39. डॉ. लक्ष्मीनारायण लाल — हिन्दी कहानियों की शिल्प-विधि का विकास
40. डॉ. रमेशचन्द्र लवनिया — हिन्दी कहानी में जीवन-मूल्य
41. डॉ. ब्रह्मदत्त — हिन्दी कहानियों का विवेचनात्मक अध्ययन
42. प्रेमचन्द (सं) — हिन्दी की आदर्श कहानियाँ
43. डॉ. परमानन्द श्रीवास्तव — हिन्दी कहानी की रचना प्रक्रिया
44. पं. रामचन्द्र शुक्ल — हिन्दी साहित्य का इतिहास
45. हिन्दी साहित्य कोश —
46. डॉ. धनंजय — हिन्दी के ऐतिहासिक नाटकों में इतिहास तत्व

अँग्रेज़ी ग्रन्थ

1. David Daiches — Critical Approaches to Literature
2. Mathew Arnold — Culture and Monarchy
3. Dr. P.K. Acharya — Glories of India
4. Arnold Toynbee — Greek Historical Thought
5. Will Durant — Mansions of Philosophy
6. E. B. Tylor — Premitive Culture
7. Maciver & Page — Society.

●●●